走向高品质教育

——普通高中多样化特色化的发展策略研究

赵　良◎著

吉林人民出版社

图书在版编目 (CIP) 数据

走向高品质教育：普通高中多样化特色化的发展策
略研究 / 赵良著 . -- 长春：吉林人民出版社，2020.7
ISBN 978-7-206-17383-7

Ⅰ . ①走… Ⅱ . ①赵… Ⅲ . ①高中 – 学校管理 Ⅳ .
① G637

中国版本图书馆 CIP 数据核字 (2020) 第 139176 号

走向高品质教育：普通高中多样化特色化的发展策略研究
ZOUXIANG GAOPINZHI JIAOYU : PUTONG GAOZHONG DUOYANGHUA TESEHUA DE FAZHAN CELÜE YANJIU

著　　者：赵　良
责任编辑：王　丹　　　　　　　　　封面设计：陈富志
吉林人民出版社出版 发行（长春市人民大街 7548 号）　邮政编码：130022
印　　刷：定州启航印刷有限公司
开　　本：710mm×1000mm　　　　　1/16
印　　张：6.75　　　　　　　　　　字　　数：120 千字
标准书号：ISBN 978-7-206-17383-7
版　　次：2020 年 7 月第 1 版　　　　印　　次：2020 年 7 月第 1 次印刷
定　　价：39.00 元

前　言

普通高中教育是义务教育和高等教育的桥梁。长久以来，中等教育（尤其是普通高中教育）水平高低几乎成了一个国家教育质量的缩影。普通高中教育是一个国家教育与培养其未来一代十分重要的环节。2010 年的《国家中长期教育改革和发展规划纲要（2010～2020 年）》把推动普通高中多样化发展作为非常醒目的一点加以表述，这表明今后国家将更加重视普通高中教育，力求通过促进办学体制多样化、推进培养模式多样化等措施发展普通高中教育。

放眼世界，各国都深知普通高中教育在本国发展过程中的战略性地位，都在尝试普通高中教育综合化。而我国的普通高中多样化发展相对较晚，当前推进培养模式多样化，探索培养创新人才的途径，鼓励普通高中办出特色，鼓励有条件的普通高中根据需要适当增加职业教育的内容，采取多种方式，为在校生和未升学毕业生提供职业教育显得极为迫切。目前，综合高中、特色高中在世界上的许多国家中已经发展得很普遍，新型普通高中的出现能满足社会多元化发展对人才多样化的需求。

变革将会成为我国普通高中教育的必经之路，本书试图从理论上创建我国普通高中新的培养模式，创建更适合学生多样化发展的综合高中，创建能够满足学生个性化发展的特色高中。本书共分六章。第一章从多个方面分析了普通高中多样化发展的需求；第二章从学校特色和课程结构两个方面阐述了普通高中教育多样化的表征；第三章从培养模式、课程设置、发展路径和顶层设计四个方面阐述了普通高中多样化发展策略；第四章从核心元素、课程开发步骤、课程配套措施等方面论述了普通高中特色化课程建设，并对此进行了反思；第五章从办学意义、办学理念、形成路径、指导原则、制度保障、内容实施和校园文化建设等方面论述了普通高中特色化办学的实践策略；第六章理论与实践相结合，探讨了科技型、外语型、美术型和体育型特色高中的建设策略。

　　本书在撰写过程中，查阅了大量文献，吸取了众多专家、学者的研究智慧，在此致以诚挚的谢意！普通高中特色化和多样化的发展一直备受关注，相应的政策和理论也处于动态变化中，本书难免存在不足之处，恳请广大读者提出宝贵意见。

| 目 录 |

第一章　普通高中多样化发展的需求分析　/ 001

第一节　高中教育发展的大众化定位　/ 001

第二节　大众化时代的高中教育性质　/ 003

第三节　高中教育的时代使命　/ 008

第四节　高中教育发展观的转向　/ 009

第二章　普通高中教育多样化的表征　/ 011

第一节　学校特色多样化　/ 011

第二节　课程结构多样化　/ 014

第三章　普通高中多样化发展的策略　/ 018

第一节　普通高中培养模式多样化的对策　/ 018

第二节　普通高中课程多样化的对策　/ 024

第三节　普通高中多样化发展的路径与方法　/ 026

第四节　普通高中多样化发展的顶层设计框架　/ 029

第四章　普通高中特色化课程建设　/ 037

第一节　普通高中课程的核心元素　/ 037

第二节　普通高中特色课程开发步骤　/ 038

第三节　普通高中特色课程配套措施　/ 041

第四节　普通高中特色化校本课程开发　/ 045

第五节　普通高中特色课程建设的反思与借鉴　/ 049

第五章　普通高中特色化办学的实践策略　　/055

第一节　普通高中特色化办学的意义　　/055

第二节　普通高中特色化办学理念的形成路径　　/057

第三节　普通高中特色化发展的形成路径　　/060

第四节　普通高中特色化办学的指导原则　　/065

第五节　普通高中特色化办学的制度保障策略　　/067

第六节　普通高中特色化办学的内容实施策略　　/069

第七节　普通高中特色化校园文化建设　　/075

第六章　不同特色类型的普通高中建设策略　　/077

第一节　科技型普通高中建设策略　　/077

第二节　外语型普通高中建设策略　　/083

第三节　美术型普通高中建设策略　　/088

第四节　体育型普通高中建设策略　　/092

参考文献　　/099

第一章　普通高中多样化发展的需求分析

第一节　高中教育发展的大众化定位

如果对普通高中教育的理解仍然停留在精英阶段的认识水平，仍将中职教育简单地理解为帮助学生就业或者安全送学生出校门，那么将导致对生源和教育质量一代不如一代的普遍误判，导致无法理解教育教学现实中发生的诸多现象，也将严重影响高中办学行为和教学行为的选择。可以说，准确定位高中教育的发展阶段，是重新认识和理解高中的性质和任务的前提。

马丁·特罗认为高等教育分阶段理论有更丰富的内涵，并不只是一个数量规模的概念，也不只是一个教育质量重心下移的过程，如果没有教育思想、课程结构、教学内容、教学方法、考试制度的调整与适应，相应阶段的划分本身就没有什么意义。教育的每一个发展阶段都有其本身的质量发展内涵。本书借鉴马丁·特罗说明教育大众化阶段特征的思路，对高中教育发展阶段的特征（表1-1）从七个维度进行归纳，并就其分项指标对我国高中教育发展阶段的现状进行基本判断。

表 1-1　高中教育发展阶段的典型特征

项　目	精英阶段	大众化阶段		普及阶段		我国高中对应阶段
		初期阶段	成熟阶段	基本普及	高度普及	
毛入学率	30% 以内	30% ~ 50%	50% ~ 85%	85% ~ 95%	95% 以上	城市普及，农村进入大众化

本质	特权，精英，着眼于阶段利益	智力，强调社会利益	智力＋权利，强调社会利益，兼顾个性发展	权利，强调个性发展与需求	义务，强调个性发展与需求	大众化与普及阶段之间
功能	塑造人的心智和个性，培养学术后备人才与技术人才	升学＋就业，应对激烈的升学与就业竞争	升学＋就业，关注人的核心能力培养，造就现代社会公民	升学＋就业，培养人的核心能力，造就现代社会公民	升学＋就业，培养人的核心能力，造就现代社会公民	大众化阶段
普职教育内容结构	高度结构化和专门化的学术性教育	普教与职教表现出等级特征	普教与职教表现出等级特征，但可沟通	普职发展等级渐趋消失，呈现融合状态	课程结构泛化，普职融合	大众化阶段
学校类型／分化程度	类型单一，学校规模不大，校际界限清晰	学校类型开始分化，校际界限较清晰	学校类型分化，学校与社会界限清晰	学校类型多样化，学校与社会界限模糊	学校类型多样化，学校与社会界限消失	大众化阶段
质量标准	严格的高标准	较高学术标准	学术标准为主	多元评价	多元评价	大众化阶段
入学与选拔	高度的选择性、英才成就	高选择性，淘汰制	较高选择性，淘汰制	选择性，分流制，学生数无限制	个人意愿，学生数无限制	大众化与普及阶段之间

从表 1-1 中可以看到，教育规模显然只是发展阶段的一个表征。与高中教育规模的超前发展相比，那些体现内涵的发展指标长期停滞在精英特权阶段或大众化发展早期。这些内涵指标往往与教育经费标准、师资、课程建设水平相关度较高。综合以上各项指标，可以基本判断我国高中教育正处于大众化与普及阶段之间的发展阶段。但城乡之别不容忽视，发达地区城市进入高度普及阶段，城市地区整体已进入普及阶段，农村地区则刚刚进入大众化阶段。

这里出现了规模指标与内涵指标之间的紧张关系。面对"超前"进入高中教育的受教育者应受何种教育的问题，要么受教育者迁就当前大众化阶段的教育，要么教育形态适应受教育者规模与比例增长而进行相应的变革。毫无疑问，面对人的需求，只有加快高中教育的转型步伐，迈向大众化教育以及普及化教育。

不可否认，在高中教育转型过程中，规模与内涵发展指标将长期存在着内在的冲突，而且这种冲突将迅速扩大。随着高中适龄人口的明显下降，高中教育的普及程度将迅速提高，而这种普及程度将与高中教育发展中的大众化早期阶段性质发生更为严重的冲突。这种质的转型迫在眉睫，高中教育需要做出认真的回应。

第二节　大众化时代的高中教育性质

高中教育大众化发展阶段的定位为我们认识高中教育的性质提供了一个基本的前提。不同于精英发展阶段，教育质量指向"高标准""优秀"以及"卓越"，大众化发展阶段的教育质量观是丰富的、多样的，更多地以满足受教育者的需求为追求。因此，从教育需求的角度说，站在受教育者的立场，笔者提炼出大众化时代高中教育的三大性质，并且相信这种基于人的需求的性质定位将与教育发展的内在需求相统一。

一、基础性

20 世纪 60 年代，法国成人教育学家朗格朗提出终身教育的理论，这是20 世纪中后期影响最为深远的教育理论，并成为 21 世纪教育发展的基本准则。它起初应用于成人教育，关注到在一个急剧变化的社会中，大多数人还没有做好充分准备以应对 20 世纪后半叶的生活条件和社会变迁，终身教育很快由成人教育演变为"由一切形式、一切表达方式和一切阶段的教学互动构成一个循环往复的关系时所使用的工具和表现方法"。❶20 世纪 90 年代，终身教育发展为"与生命有共同外延并已扩展到社会各方面的连续性教育"。❷进入 21 世纪，终身教育的理念已成为各国政府的教育战略议题，越来越多的发达国家和新兴工业化国家通过立法推动终身学习。从终身教育的时间跨度来看，高中只是整个人生发展中具有特殊价值的一个阶段，无论是为大学输送合格新生，还是为就业输送合格的技术人才，都已经难以满足社会对高中教育提出的要求。人的发展需要不断学习，每一阶段学习的目标不仅是为下一阶段人生做好准备，还是为整个人生奠基。因此，基础教育的主要内容应当包括基本知识、基本技能、基本观点、基本行为规范和基本学习能力、基本生活能力等方面的教育，是为人的生存和发展奠定基础的教育。

进一步说，普通高中本来在我国学校制度中就属于基础教育，强调基础

---

❶ 联合国教科文组织国际教育发展委员会 . 学会生存——教育世界的今天和明天 [M]. 华东师范大学比较教育研究所，译 . 北京：教育科学出版社 ,1996.

❷ 联合国教科文组织总部 . 教育——财富蕴藏其中 [M]. 联合国教科文组织总部中文科，译 . 北京：教育科学出版社 ,2014.

性自然没有问题，但属于职业教育系列的中等职业教育有没有必要强调基础性呢？回答是肯定的。从概念本身的内涵来看，普通教育与职业教育是从人才培养目标和课程内容的区别分化出的两种教育类型，而基础教育是与高等教育相对的，两种分类方法基于不同的标准，并没有对立的关系。过去把中职教育当作终止性教育，没有向上延伸的通道，也就谈不上职教系列中的基础教育与高等教育的衔接。但中职教育学生可对口升入高等院校，包括本科与专科，或者作为社会考生报考高等院校，从受教育权的角度来说，享受高质量的基础教育是继续深造的基础。过去将中职教育排除在外，把基础教育等同于普通教育，但普职融合已成为教育发展的趋势。世界各国的实践中，包含普通教育精髓的一般性思维能力和包含职业教育精髓的实践型能力共同成为高中生的基本素质。此外，从职业教育发展的趋向来看，作为产业结构升级换代的必然结果，职业能力培养的基本理念从特定职业、任务本位转向基础性和宽适应。在实际的用人需求中，那些在劳动力市场低端就业的职教毕业生，其所学专业并不受重视，用人单位更看重职业道德素质及基本的核心能力，他们对职业教育培养能力的界定已逐渐突破传统的局限于特定职业、任务本位或者职业培训的行为主义的能力观，而关注那些"普遍的、可迁移的、对劳动者的未来发展起关键作用的能力"。❶

在认识到基础性教育对社会发展和青少年发展的奠基性价值的基础上，许多教育者都对基础性教育的价值和内容提出了自己的看法。联合国教科文组织提炼的教育的"四个支柱"深入人心，即学会认知、学会做事、学会共同生活、学会生存，并特别强调"中等教育应在培养学生今后预见和适应重大变革所需的性格素质方面发挥越来越大的作用"。❷叶澜教授从中国教育现状出发，特别强调基础教育的价值取向的未来性、生命性和社会性。其中的生命性强调教育要关注生命的成长价值，从发展、成长的角度去关注整体的人，帮助他们发展生活经验和对生命的体验。社会性强调学生社会责任感的培养。这些基础性的描述更多关注的是经验、生活与生命。传统教育中强调的知识与技能只是其中一个方面的内容。

在这里总结高中阶段学校教育的基础性要求，可以简单归纳为学会学习、学会生存。学会学习为今后进一步发展创造基础性条件，学会生存为日后步入

❶ 陈国良，董秀华，茅鸿祥，等. 高中阶段普职分流的全球视野 [J]. 教育发展研究，2009，29（23）：1-7.
❷ 联合国教科文组织. 教育——财富蕴藏其中 [M].联合国教科文组织总部中文科，译. 北京：教育科学出版社,2014.

成人社会而承担起个人的生活责任奠定基础。高中教育的基础性至少包括以下几个方面的内容。

（1）继续学习的愿望。好奇心即理解、认识和发现的欲望，是人类本性中最大的驱策力之一。

（2）信息交流能力。学生能够阅读、写作、讲述、倾听，要善于发现、探求和使用新知识，并运用这些能力有效地获得、加工和传递思想和信息。

（3）批判性思维能力。学生能对存在争议的问题进行理性的、逻辑的和紧凑连贯的审视，能批判性地思考，会检验事实及其相互关系，清楚通过采用不同的途径而获得的结果，善于在学习中更多地运用科学的思维方法和学习方法。

（4）社会参与的愿望和能力。参与是人们发展自己、表现自己的重要途径，有效的参与包括行动上和心理上的两种倾向性。现代公民需要源于心理倾向性的主动参与，积极参与社会实践，乐于承担公民责任。

（5）感受能力。对生命的体验，对人类共同处境的同情，对美与自然的敬畏，对身处其中的社会环境的全方位的感受。以一种艺术的审美方式来感受生活，获得幸福的体味。

（6）适应能力。一种适应急剧变化的社会环境并创造性地进行工作的能力。在任何场合下都能与他人协调，同时自主地进行社会生活所必需的实践活动。

（7）合作能力。合作本身是社会性动物的一种行为类型，它要求"每个个体不仅参加并检测自己的行为，也必须参与和检测合作者的行为，即合作要求个体之间有事先的理解或赞同"。❶

除了以上针对个人发展的内容之外，各国对高中教育提出了共同的价值观的要求，如法国在《为了21世纪的高中》中提出"共同文化"的概念，指出"学校应该保证所有学生获得共同文化，使其成为法国的合格公民"。共同文化"是所有高中的唯一参照，也就是每一个学生，不论其学业是什么，都应该掌握的最终目标"。其内涵包括理解、行使公民身份的基本知识，应对社会生活共同要求的技术能力，接受高等教育的方法论和民主社会所需的智力素质。共同文化蕴藏在任何学科领域，是智慧与文化知识的集合。基于这些基础性的要求，高中教育要在进一步培养学生的知识和技能上做出贡献，还要通过教育教学方式的变革，如提倡问题解决式学习、综合学习、实验与观察和体验性学习等，使学生获得道德情感与生存技能的全面发展。

---

❶ 朱智贤.心理学大辞典[M].北京：北京师范大学出版社，1989：265.

二、实用性

实用性是教育大众化发展阶段的受教育者的根本需求。这里的实用指的是与生存有关的实用，而非古典教育中的实用（强调理智训练的一般意义）。受教育人群的普遍性扩大了教育的范围，而对绝大多数人来说，生存是第一要义，通过高中教育获得更好的生活技能是人们接受高中教育的重要动力。特别是那些不能进入高校的高中学生更需要获得一种可证明其素质能力的实用的证明。

人们对高中教育提出了实用性的需求，要求高中教育克服单一的办学模式，以多元的人才培养模式为社会提供多元的选择可能，这也与教育大众化发展阶段的教育质量观的演变相一致。在精英教育阶段和教育大众化前期阶段，教育质量观念简而言之是"优秀""合格"，而在教育大众化发育成熟之机，高中教育的质量观念转向"用户满意"，也就是说，高中教育在对受教育者的需求满足上应当体现出针对性，这是一种"应当介于社会的期望与学校行为之间的适应。既提供普通特点的广泛教育，又要实施以职业为目的的职业教育，培养个人能够在变革中的各种状况下生存的能力"❶。就我国而言，从教育大众化的视角来看教育质量，就不能仅限于传统的学术性标准，而应当从满足经济社会需求、满足人民群众需求出发，提供适合个体多样化需求和社会多样化需要的高中教育。实用性教育可以通过多种教育途径来进行，在教育内容、教学方式上都有多种选择。

三、选择性

选择就是在多种可能中，按照自己的愿望和考虑选取其中的一种可能。选择应当是自由的，自由的选择就是在没有障碍的情况下，按照自己的力量和智慧所能办到的，不受障碍地做自己愿意做的事情。教育选择的行为可以在多个主体间展开，如国家、学校、教师、学生、家长。在国家与学校层面，教育选择常常近似教育决策。教师的教育选择在大学教师和中小学教师中有不同的限制，如大学教育以学术自由为依归。学生和家长的选择则是受教育者个人和家庭按照自己的愿望，在多种教育机会面前进行自由选择的可能。高中阶段的教育选择可以包括教育类型的选择、教育质量的选择、教育

---

❶ 蒋冀骋，徐超富.大众化条件下高等教育质量保障体系研究[M].长沙：湖南师范大学出版社,2010：85.

体制的选择、教育服务的选择、教育成本的选择等，此外，还有学习方式的选择（如自学、网络学习）、文化的选择（如民族语言的选择）。本书谈到的选择范围是制度性教育之内的选择。

（1）教育类型的选择，就是在普通高中、中职学校和综合高中之间进行的选择，当然，在各自范围内部，又有不同的层级和分类，如在中职系统内部，可分为普通中专、职业高中和技校。

（2）教育质量的选择。教育质量首先表现为各类教育机构的内部分层。如普通高中范围内，有省级示范性高中、市级示范性高中、普通高中。中等职业学校也分为国家级重点职业学校、省区级重点职业学校和一般职业学校。另外，每个人也会对教育质量提出不同的要求，有的人以升学率作为教育质量的唯一判断标准，有的人看重学校氛围中的同伴关系和师生关系，有的人希望在一个不分快慢班的学校学习，有的人对学校文化、社团文化更加青睐……可以说，每一个人都基于其经验和内在需求在进行选择。

（3）教育体制的选择。最明显的体制选择是在公办与民办之间的选择，由于公办高中的规范较多，一些不在公办学校招生规范内的学生可以通过选择民办高中来继续自己的求学生涯。没有考上公办普通高中，又不愿意选报职业学校的学生可以报读民办普通高中。一些受户籍限制的异地高中生也可以通过报读民办高中到异地求学。

（4）教育服务的选择。教育服务的内容包括很多种，有直接与教学相关的服务，如家校联系，学校为学习困难的学生提供的辅导、实习，学校提供的升学指导，学校拥有的社会关系等；有与学生生活相关的服务，如住宿条件、饭堂质量、管理方式等。随着人们生活水平的提高，人们对高中的生活条件、服务项目提出了更高的要求。对于不少人来说，高中不再只是一个苦读求学的场所，也是一个三年的生命过程，同样应当享受青春、享受美好的生活。

当然，每个人的选择都不会基于某一个方面的考虑，而是一种集各方面条件的综合选择。可以说，每一个学生和家庭在面临高中教育选择的时候，都抱着一分美好的想象。

第三节 高中教育的时代使命

一、社会转型中的教育创新需求

创新型国家建设对教育提出了新的要求。无论是科技进步，还是知识创新，起决定作用的因素是人才。教育作为国家创新体系的重要组成部分，既是知识创新的主要基地，又是培养创新人才的摇篮。20世纪90年代以来，在我国的创新人才培养举措中，高等教育的变革居于主要地位。可以说，这条路线是以杰出人才培养的导向而制定的，得到了高度重视，也获得了突出成果。创新型人才的培养不仅是高等教育的任务，更是基础教育的基本使命。高中教育在这个培养体系中有其独特的价值和地位。

二、高中阶段创造性人才的培养

心理学研究发现："随着年龄的增长，青少年的创造性思维水平总的趋势是不断向前发展的，年级越高，创造性思维成绩越好，但发展速度是不均匀的，高二是创造性思维发展的高潮，初一和高三是创造性思维发展的低潮。随着年龄的增长，高中生的创造性思维的流畅性呈下降趋势，变通性平稳发展，独特性逐渐提高。"[1]可见，高中阶段是发展创造力的黄金阶段。

（一）关注知识的有效积累

存量知识的有效积累需要科学的方法，"从神经科学的角度来分析，人的任何一种习惯（包括思维习惯和行为习惯）都有其物质基础，这个物质基础就是脑神经网络。学习过程就是形成脑神经网络的过程。根据目前对脑的认识，不同的学习过程会形成不同的脑神经网络，从而决定了不同的思考与行为习惯"。[2]

---

[1] 林崇德.发展心理学[M].北京：人民教育出版社,2008：340.
[2] 张德福，路晓鸽，赵晓明.基于科教融合的创新型人才培养[J].中国冶金教育,2020（1）：31.

（二）关注普通学生和平凡的创造

创造实际上是一种普遍的能力，在心理学的公认定义中，创造性思维是"重新组织已有的知识经验，提出新的方案或程序，并创造出新的思维成果的思维活动"。[❶]在联合国的《内源发展战略》中，创造力是"独立思考和研究自己的困难，并主要依据自己的力量去寻找解决困难的方法，而不是机械地模仿外界"。[❷]所谓创造力的培养，就是要鼓励学生根据已有的知识向未知处探索，这种面向未来的开放性是创造力的最本质的核心，也是学生今后走向社会面临的常态生存方式。

（三）关注个性需要

个性与创造力之间存在着十分密切的关系，任何创造者都具有独特的个性特征。丰富多彩的个性特征正是创造力的重要来源，只有重视不同的个性需求，才能激发学生创造的欲望、努力工作的坚持性以及在这种坚持中的乐观与激情。一个人的事业能否成功，关键在于他在事业中能否投入激情、享受工作、创造性地打开局面，这取决于他能否对所选择的事业具有持续的兴趣和动力，这不是智商的问题，而是价值观的问题。在创造性的工作中，享受工作中的乐趣，只有形成这样的生活观、工作观和人生态度，才有可能成为创新型人才，成为一个领域未来的领军人物。因此，培养创新型人才应当注重在发掘学生的个性需求的前提下培养其专业献身的精神，这两者相辅相成，也体现了普通的社会人的平凡创造的伟力。

第四节　高中教育发展观的转向

就像生物界的多样性是维持生态平衡的必不可少的条件，高中教育多样化是高中教育系统平衡与发展的重要前提。联合国在 2001 年《世界文化多样性宣言》中强调："文化多样性增加了每个人的选择机会；它是发展的源泉之一，它不仅是促进经济增长的因素，还是享有令人满意的智力、情感、道德精神生活的手段。"多样化的基础性要求有以下几点。

---

❶ 张慧超，郭俊伟 . 普通心理学 [M]. 北京：航空工业出版社,2018：245.
❷ 联合国教科文组织 . 内源发展战略 [M]. 北京：社会科学文献出版社,1988：55.

一、丰富的差异性

多样性来源于差异性。差异是多种多样的，世界上每一个事物都有与众不同的特点，没有两片相同的雪花，没有两个相同的指纹，更没有两个完全相同的人，每个个体都以自己的独特性来获得自身认同。而且无论是自然界还是人类社会，其中的构成要素、结构及其相互联系和相互作用的方式都存在着差异，并且随着结构与相互作用的方式从低级向高级发展，这种差异性也变得越来越显著。从无机界到有机化合物，再到生物界，生命系统的自主选择和自组织功能，进一步扩大了生物特色形成的可能性范围。特别是作为万物之灵的人，个体差异更为显著。不同的地理环境、遗传差异、家庭因素、社会条件等都在各个方面塑造、影响着人的外貌、体质、感情、欲望、阅历、能力和行为习惯等。没有差异就没有世界，差异是一种基本的存在。高中教育具有差异性的人群，其多样性表现在学校类型、学校特色、教育服务、课程结构、教学方式等各个方面，其中又形成各种差异性的组合，成为高中教育多样化发展的基本现实。

二、生命的创造性

多样性是交流、革新和创作的源泉。系统是有生命的，系统的生命存在自组织的能量。在自组织的作用下，差异性互补、合作、交流、碰撞，从而产生了创造。多样性的存在成为自由表达、自由交流、自由创造的基础，它保护独特性，尊重多元性。在这种氛围中，个人与集体的创造力因交流和互动得到滋养。

三、面向全体的充分性

"普通高中办学必须多样化，但多样化绝不是纵向分层，而应该是横向分类。纵向划分等级不利于学校办学，高中必须从以分数为标准的等级划分转化为依照学校特色的平等分类。"❶这是高中教育多样化的实质性的特征。相比于形式的多样性，实质的多样性不易做到。成绩好的学生有足够充分的、多样性的教育选择，但是有些学生因为成绩不好，要更拼命地学习，把全部精力用于应试，所谓的多样性对他们来说是无用的。所以，这里提到充分性，保证所有学生人格、学业方面的全面发展。

---

❶ 霍益萍.试论我国普通高中转型发展中的几个根本问题[J].教育理论与实践，2009，29（7）：37.

第二章 普通高中教育多样化的表征

第一节 学校特色多样化

在每一所学校中，因其历史传承、学校师生共同创造的校园文化，学校呈现出多样化的风格特色，不仅有利于受教育者的选择，还能促进学校发展和教育发展。"整个教育事业的活力来自千万所学校的活力。每所学校的办学活力都得到较为充分的释放，才是我国教育事业兴旺发达的基本保证。"[1]

一、学校特色概念及特点

所谓学校特色，就是在办学主体的刻意追求下，学校工作的某一方面特别优于其他方面，也特别优于其他学校的独特品质。[2]也有人认为，学校特色是每所学校通过培养目标、课程、课堂、学生特点以及教师团体等形成自己的核心技术。[3]学校特色具有独特性、稳定性、发展性。所谓独特性，就是学校个性的体现，是学校根据自己的特点和具体环境，进行具体的设计定位，紧紧围绕办学目标，精心设计、具体实施、持之以恒而创造出来的独有特点。缺乏独立精神，唯上唯书，都不可能形成真正的学校特色。所谓稳定性，是指长期熏陶下形成的集体心理定式，它的形成需要较长时间，一旦形

---

[1] 孙孔懿.学校特色论 [M].北京：人民教育出版社，2007：11.

[2] 孙孔懿.学校特色论 [M].北京：人民教育出版社，2007：26.

[3] 霍益萍.试论我国普通高中转型发展中的几个根本问题 [J].教育理论与实践，2009，29（7）：37.

成，就不会轻易改变，会表现出较大的确定性，对外来信息、社会影响有一定的筛选作用。所谓发展性，是指学校特色的打造不会长久停留在最初的起点，它需要精心的维护和长期的经营。不同时期学生情况不同，时代特点不同，具体情境不同，学校需要随着环境和管理水平的变化，不断地总结提炼，推陈出新。

二、学校特色的意义

（一）学校特色对学生发展的意义

学校特色有利于学生的发展。每一个人都有和别人不一样的内心追求，这是自我认同的一个根基。高中学生处于才情迸发、最有活力的一个时期，他们希望实现自我的独特价值。而学校特色是这种价值实现的一个载体，它可能是无形的，但它对学生的吸引力是实实在在的。学校专注打造自身特色，挖掘学生兴趣，以学习动机来带动整个学习状态的改善，对学生的发展起到重要的作用。

（二）学校特色对学校发展的意义

选择不仅对学生重要，对学校同样重要。从理论上说，"有教无类，公平录取"是学校尤其是公立学校的基本原则。但是，对于学校发展来说，不被选择的学校是没有发展优势的。因为有选择，所以有了自主的倾向性，便有了相互之间的信任与共同愿景，在分数确立的智力等级之外，也有了在其他方面发展的动力，同时带动了智力的开发。

高考报考时很多人面临一个艰难的抉择：选学校还是选专业。学校根据分数分成了若干录取批次，一个分数往往对应一批在质量、声誉上接近的院校。学生在报考时通常有两个原则：第一，对于名牌高校，选学校，即使专业志愿录取把握不大，也要想办法进入这类高校；第二，对于非名牌的大多数学校，学生的选择则以专业为准，有不少学生情愿抛高就低，以较高分数进入较低层级的学校，只是为了获得满意的专业。这个现象与高中不可完全类比，但也给人以启示——学校凭什么吸引学生。

学校吸引学生有两点：第一，优势文化；第二，专业特长。如果说前者是学校等级中的第一梯队，需要漫长的历史积淀，那么后者往往可以通过若干特长在短期获得突破。高中可通过特色建设，树立自己的办学品牌，从而吸引学生。在对一所民办高中的调研中，笔者听到一个故事，前几年，与其他民办学校一样，学校陷入招生危机，别说招不到优秀生源，就是敞开大门也没有学生上门。当时，学校应对危机，急中生智，根据市场需求推出了一个新的办学模式，以招收实验班学生的名义发布招生信息。此举一出，立刻生源涌动，学校成功在大量生源中按计划招收了两个班的实验班学生，精心培养。此后这种模式沿用至今，不但独创了学校品牌，而且为学校的高升学率提供了保障，形成发展的良性循环。学校特色为学校品牌建设做出贡献，提高了学校在生源市场中的辩识度，也为学校的发展聚焦了资源和努力的方向。

三、学校特色多样化的路径

任何一所学校总会存在一定的资源，如果资源整合得好，就能够办出一定的特色。学校特色的表现形式多种多样，从有利于学生个性发展与学校竞争力提升的角度来看，学校特色建设表现出一个递进的层次：开发特色项目阶段→创建特色学校阶段→学校特色文化建设阶段。在第一个层次——开发特色项目阶段，学校需要整合资源，根据学校发展目标，谋划学校的特色项目建设，例如，课外活动、竞赛活动等。这类特色项目比较容易开展，只要有几个优秀的教师，有活动的空间，就有可能获得成绩。不过，这类特色活动通常只能满足部分学生的兴趣爱好和特长，覆盖面有一定的限度。当然，如果学校的特色项目足够多样化，可让大多数学生从中受益，这种多样性本身就形成了一种特色。

还有很多可以让全体学生参与的特色项目，如春游、夏令营、自行车旅游、社区服务、艺术节、科技节等课外活动，都是在直接教学之外进行的富有教育意义的活动，是实施全面发展教育的重要途径。这些活动学生乐于参加，并能给学生留下美好的印象。一些传承久远的学校活动甚至会成为学校的标志，成为提高学校知名度的一个亮点。

当学校特色项目渐趋成熟，可以在全校内部推广或者在学校区域外进行展示时，学校特色建设就进入了一个新的阶段，即创建特色学校阶段。这个时候，在前期特色建设中只是个别教师、部分学生所享有的资源已成为一所学校在教育过程中表现出来的总体倾向与风格，学校特色建设已融入成熟的教育思想，共同汇聚成学校的整体特色。此时，它不再是某些零落的、具体的特色实践，而是基于稳定的办学思想影响到学校各个方面工作的灵魂。

学校特色建设的第三个阶段是学校特色文化建设阶段。这是从教育思想走向文化积淀的过程。教育思想不是校长独自的思想，而是以校长为核心的全体师生集体智慧和共同实践成果的结晶，它需要成为全校师生能够传承的统一的教育信念。在这方面，苏霍姆林斯基做出了表率，他曾耗费大量的心血，努力使学校中的每一个人具备统一的先进的教育思想，对学校里发生的任何不符合这种教育思想的言行，他都以极大的耐心去沟通，以使学校形成一个志同道合且坚强有力的教育集体。到今天，他于百年前创办的帕夫雷什中学依然维护着他的教育思想，每一个进入这所学校的师生都还在感受着这种"爱心"的传统。但特色形成文化后并没有得到传承的历史上著名的学校也有。只有当一种教育思想得到全体师生的认同，并且成为后继者自觉承担的一种责任时，这种思想的生命力和文化的传承力才涌现出来。所以，学校特色的建构是一种文化建构的过程，学校的特色最终体现在学校文化层面，它一定是根植于学校大多数教师与学生思想中的东西，能对全校学生的终身发展有重要影响。因此，对于特色学校的更高的价值要从文化的意义上对其进行审视。

学校特色文化的形成使学校存在着一种文化场，这种文化场是学校的一种气势，是一种相对稳定的校园心理现象，是一种学校精神文化现象。它有实体的表现形式，如建筑、设施、雕塑、草木乃至校歌、校训；它也是隐性的、潜移默化的。其影响一旦产生，效果是显著的、久远的，有的甚至会影响学生的一生。它传递着一定的价值观念信息，蕴含着丰富的教育内涵，给学生以暗示和导向，激励着全校师生学习、效仿，激发每个学生巨大的学习热情以及对学校、对祖国的责任感和使命感。它能对青年学生形成一种无形的向心力，激发师生的认同感、自豪感和荣誉感，也表现为师生对学校的认可。它使校园内的生活更和谐轻松、积极活跃，学生青春的活力便得以充分发挥，个性爱好也得以发展。它有利于形成一种自信自强、团结合作、敬业奉献的氛围。学生在这个文化场中，能充分发挥想象力、创造力，不断提高各项能力，最大限度地开发潜能。一种有特色的校园文化一旦形成，其优良的传统、风尚就会被继承和发扬，并代代相传。

第二节　课程结构多样化

相比于学校特色和教育服务的多样化，课程结构多样化的问题非常复杂，不仅表现为学科群、学科、具体科目以及科目内部的章节结构的多样化，还表现为课程目标、内容、实施方式与评价方式的多样化，种种要素结成了复杂的结构关系。这里所讨论的课程结构主要限于高中教育中的学科构成及其相互关系。

一、课程结构多样化需遵循的原则

课程结构应当对应人的个性结构中最基本、最稳定的方面。教育的总目的是使人得到全面、和谐的发展，因此必须从关于人的学说出发来确定教育内容。人的全面、和谐发展这一要求常常只是一个笼统的提法，并未包括对有待发展的各个方面的说明，因此必须对人的个性结构进行分析。个性结构内容包括个体的倾向性、认识、审美、交往、劳动与体质等这样一组经验成分，相应的课程结构就包括德育、智育、美育、体育和劳动教育等全方位的内容。

课程结构应当能够反映人的基本活动。人的活动与发展密切相关，人在活动中发展认识能力、价值定向能力、交往能力、审美能力和从事活动所需要的体力。学习主要发生在教室里，尽管学校教育也在试图引入更多的实物教学和感官体验，但这些对于生活能力和思维能力的训练总是有些间接、空洞。学校教育不能忽视那些在动手的、参与的、直接的教育方式中所获得的指向生活本身的教育和训练的作用。这种作用是通过"必须去做一些事情，有实际的动机在推动，预见到实际的效果"而体现出来的。因为活动，被动的、呆板的接受和拘谨变成生气勃勃的交往状态、学习状态和生活状态，由此带来的是包括社会态度在内的改变。

课程结构应当能够反映外在于高中教育的社会知识的总体构成。课程结构与知识结构存在着一定的对应关系，知识理论是课程理论的最基本的依据之一。根据凯德洛夫的科学知识基本分类（图2-1），这一系列知识包含了由一般到局部、由抽象到具体的基本的"科学三角形"。凯德洛夫将整个科学知识分为一般的（哲学）和局部的（具体科学）。这里的人文科学包括社会科学中的关于经济基础的科学、关于国家和法律以及政党的学说、关于思想上层建筑的科学，并在最后实现向社会意识形态的哲学的过渡。凯德洛夫将自然科学分为数学、自然科学与技术科学（包括应用数学）三大类，通过当时流行的控制论和系统论将其整合起来。这里的技术科学应理解为一些科学的综合体（工艺学、医学等）。图2-1中用实线表示这三类知识之间的联系，虚线表示技术科学与自然科学和社会科学之间的相互联系、数学与自然科学和哲学的相互联系，以及心理学与所有这三个基本知识部类的相互联系。

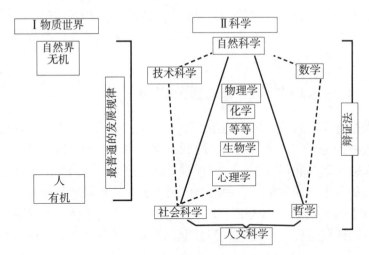

图 2-1　凯德洛夫的科学知识基本分类图 ❶

　　课程结构应当有足够的丰富性，能够发展个人兴趣、爱好和能力，通过这种教育中的区别对待，帮助高中学生为未来定向。前面的三条原则都是基于人的一般发展的原则，但进入高中后，高中生的自我意识大大增强，此时正是一个人明确自己个性的主要特征，开始考虑自己的人生道路的时候，一切问题既是以自我为核心而展开的，又是以解决好自我这个问题为目的的。自我意识的发展使他们不仅有一般发展的需求，还有着强烈的特殊发展的需求。这时，在保证基础性的前提下，需要在教学计划中设置选修课来满足学生的需求。

二、课程结构的多样性和选择性

　　课程结构的多样性是一个立体的概念，同时表现在课程的完整性和层次性上。对于普通教育而言，就是要在保证基础课程质量的前提下，兼顾不同接受程度学生的偏好与需求。除此之外，在中学还应当设置由学生根据其兴趣、才能和爱好选择的选修科目。

　　选修课对学生发展意义重大，它"发展学生的能力、深化他们的知识，培养其独立工作的技能和技巧。对解决诸如发展学生的兴趣和爱好的任务，对选择职业的指导工作甚至对组织好应用学科方面的课业来说，选修课都是

❶（俄）列德涅夫．普通中等教育内容的结构问题 [M].诸惠芳，余方，译．北京：人民教育出版社，1984：116.

必不可少的条件"❶。它还有利于学校的课程设计，在不改变高中的教学计划、大纲和教科书的情况下，它可以根据时代发展中新产生的任务对教育内容进行重要的补充。

　　人类所有的知识领域、人生所有的活动范围都应当是学生学习的内容，正因为这样，我们必须对课程结构进行整体的布局，不仅保证必修课程能够培养学生终身发展的知识、能力，还要为选修课腾出充分的空间。

---

❶（俄）列德涅夫．普通中等教育内容的结构问题 [M].诸惠芳，余方，译．北京：人民教育出版社，1984：195.

第三章　普通高中多样化发展的策略

第一节　普通高中培养模式多样化的对策

一、推进校长队伍专业化

推进普通高中培养模式多样化是一项专业性强、任务艰巨的系统工程，是一项牵一发而动全身的重大改革。既是一场学校内部管理体制的改革，又是一场教育教学内容、教育教学模式的改革，需要校长队伍专业化，需要进一步体现学校管理的主体责任。之所以推进校长队伍专业化，主要出于以下考虑：

校长专业化，才能适应校内培养模式多样化。校内培养模式多样化首先需要进行的是校长主导下的学校内部课程改革顶层设计，如果校长不是内行或者不成熟，都不可能承担这一重任；其次需要根据培养模式多样化的需要进行内部管理体制改革，构建与此相适应的内部管理模式，如果校长不是一个管理方面的行家里手，就没胆量、没智慧和没能力完成这一改革。校内培养模式多样化是一个专业性很强的改革与实践，需要校长队伍专业化。

二、加大投入，努力改善办学条件

推进校内培养模式多样化对普通高中办学条件提出了更高要求。推进校内培养模式多样化的基本思路是课题引领、项目推动、多样化课程设置。基于标准化建设的课程多样化需要更多的教学资源，对传统的教学设施、装备条件提出了挑战。

（一）校园信息化建设

校园信息化建设包括全覆盖的校园网络、覆盖每个教室的多媒体系统、校园电视台、校园广播站、符合条件的计算机教室、电子阅览室、教师人手一台的教师用电脑、校园网络上的备课资源与学生辅导资源等。

（二）各类功能教室（兼做部分选修课教室）

建立地理、历史、音乐、美术、舞蹈、通用技术等功能教室，这些功能教室一方面用来开设相关学科必修课，另一方面可兼做相关项目选修课的教室。

（三）充足的选修课教室

培养模式多样化，必然对应充足的文化课选修课教室，多样的选修课教室数量明显要高于传统意义上的教室数量。这是困扰当下普通高中推进选修课程多样化的一个重大障碍，因为很多学校都不可能拥有那么多富余的教室。

（四）体育健康设施

体育与健康是普通高中重要的学习领域之一，同时体育特长又是多样化培养模式中的重要课题和重大项目，是普通高中向高等院校输送合格学生的重要出口。学校必须舍得投入人力、物力、财力来完善体育健康设施，增加多样化的体育活动场地，以满足学生在体育与健康方向多样化发展的需要。

（五）充足的社团活动场地

各类社团组织是促进学生健康发展的重要依托，也是承载普通高中教育育人使命的重要平台，学校必须将社团活动场地纳入学校设施规划，为各类社团提供必要的活动场地，并将规范成熟的社团活动内容在充分论证的基础上转化为选修课程，使其成为学生选修学分的组成部分。

三、促进师资队伍个性化与多样化

培养模式多样化需要师资队伍的个性化与多样化。每一个培养模式的构建都需要项目组教师对培养目标、课程设置、教学方法、课程评价进行全方位设计与论证，都需要教师以开拓创新的精神开展教学实践，因此培养模式多样化对教师的个性化与多样化提出了很高的要求。具体来说，师资队伍个性化与多样化须具备如下水准。

（一）广博的知识

要给学生一杯水，需要教师拥有一桶水；要给学生一弯小溪，需要教师拥有一条奔腾的河流，这是通常对教师所拥有知识量的要求。要促进学生个性发展、多样化发展，需要教师拥有发散思维的能力，需要教师拥有个性、理解个性、尊重个性。推进培养模式多样化，需要教师有扎实的专业功底，能胜任一门必修课教学，同时至少能开设一门选修课；需要教师认真钻研教育理论、教育心理学理论、教育管理理论，成为理论型、实践型兼而有之的复合型人才；需要教师博览群书，有开阔的视野、宽广的胸襟，成为学生心灵的依托；需要教师富有创新精神，勤于思索，勇于实践，成为教育芳草地里的拓荒者。

（二）课程开发与整合能力

构建多样化培养模式要求教师必须具有整合课程资源和开发新课程的能力。课程资源除了传统的教科书外，还包括教师、学生、教辅资料、图书馆、音像资料、家庭、综合实践活动、社团活动、科研成果、网络资源等，如何整合课程资源对教师提出了严峻挑战。首先，教师要有团结协作的精神，整合项目组的教师资源，这是课程资源中最活跃的因素。其次，教师要善于利用教辅资料、音像资料、图书馆、网络资源等，这是课程资源的宝藏。再次，教师要利用好学生、家庭、社会资源。课程资源丰富多样，只要善于整合，可以取之不尽。培养模式多样化必然要求课程资源多样化，课程资源多样化主要体现在校本课程多样化。开发校本课程资源是一项对教师要求很高的任务，教师开发校本课程要把握好三个原则：①价值性原则，是否满足学生需要，是否满足育人需要，是否满足社会需要。②可行性原则。人力、物力、财力是否能达到要求。③操作性原则。一是看开发过程是否可操作，二是看开设该课程是否可操作，三是看课程评价是否可操作。

（三）个性化教学实践活动

培养模式多样化需要教师的个性化教学，教师个性化教学是建立在教师专业化基础上的带有专业技术和专业情感的独特教学风格。教师个性化不是简单的与众不同，它体现的是教师鲜明的专业精神与专业气质，代表教师对所从事专业的热爱与执着，代表教师在该领域的专业自信。教师的专业情感与执着往往比教师传授的专业知识更能影响学生，教师的专业个性潜移默化地塑造着学生的个性，激励着学生的创新精神。培养模式多样化的出发点在于顺应学生天性，培养学生个性，发展学生的创造才能，教师的个性化教学更能打动学生、更能引领学生、更能叩开学生探求新知的心灵闸门，因此教师的个性化教学实践活动应该得到保护、得到鼓励。

（四）过硬的综合素质

推进培养模式多样化对教师综合素质提出了更高的要求，在原来教师必备的素质基础上，未来教师还必须具备下列素质：①较高的现代教育技术水平。教师能娴熟地制作各类课件，能熟练使用多媒体、照相机、录像机等现代教学设备，这不是简单的教学技术问题，而是教学思想观念问题。②教师要具备的一技之长，要具备至少开设一门选修课的能力。教师不能开设具备一定水平的选修课，不是合格教师。③教师要具备较强的教育管理能力。只会教书，不会管理，是不能胜任未来教师重任的。④教师要具有教育科研能力。新时期的教师要会搞教育科研，善于开展教育实验，这是新时期教育对教师的基本要求。教师自己都不会搞研究，又怎么能开好学生的研究性学习课程呢？

四、实现课程设置的多样性与开放性

国家新课程方案既规定了普通高中最低办学标准，又确保了办学质量，同时给予普通高中开设多样化课程、拓展办学空间相当大的自主权，这是推进普通高中培养模式多样化的政策背景。普通高中培养模式多样化的基本依托是课程体系的多样性和开放性，而课程体系的多样性与开放性的落脚点是校本课程的多样性与开放性。

校本课程的多样性与开放性，一是指学习领域内容的多样性与开放性。针对普通高中八大学习领域，学校基于学生发展需要，整合各种课程资源，开发有价值、可实施、可评价的校本课程，使学生在学习的各个领域都能选到适合自己志趣的课程。在课程教学过程中，内容可以增删，顺序可以调整，模块可以更新，体现一定程度的灵活性和开放性。二是指课程层次的多样性。学校开设的校本课程应该能够满足不同基础的学生的选择，可以是为进入大学做准备的高深学术性课程，可以是满足学生兴趣需要的时尚、实用课程，也可以是满足学生特长发展的专业课程。三是指价值取向的多样性与开放性。课程价值取向应该多元，可以是德育，可以是美育；可以是学术，可以是实用；可以是兴趣，也可以是纯粹为了应考。四是指课程实施方式的多样性与开放性。课程实施方式可以是传统授课型，可以是讲座报告型；可以是实验型，可以是活动型；可以是校内教师开讲，可以是家长义工义教；可以是社会专家名流上课，也可以是大学教授开课。五是指课程评价的多样性与开放性。多样化选修课的评价应该从传统意义的课程评价模式中解放出来，即改变只有考试分数才是评价的误区，落实好课程评价的四个要素即可，即修习课时数、过程综合表现、作业或成果提交与等级审定、学分认定。

五、多样化培养模式的创新与构建

（一）培养模式多样化的核心、关键和方法

培养模式多样化这一课题目前没有现成的答案，借鉴国外发达国家普通高中改革经验，结合学校探索与实践，笔者认为，培养模式多样化的核心是课程资源多样化，关键是多样化培养模式的构建、实施与管理，方法是培养模式课题化、项目化。

1.课程资源多样化

课程资源包括必修课程、选修课程两大部分，必修课程是国家课程标准所规定的部分。所谓课程资源多样化，都体现在选修课部分，开设多少选修课，针对不同类型的学生，如何构建课程体系、培养模式，课程如何实施，这是可以大有作为的地方。一些发达国家课程改革后，选修课程丰富多彩，是课程改革的普遍亮点。例如，美国有的高中开设选修课200多门，选修课学分占到总学分的一半，甚至更多。课程资源多样化正体现于此。

2.多样化培养模式的构建、实施与管理

多样化培养模式没有现成模板，需要在论证基础上予以构建。例如，有的学生喜欢数学，将来志趣在数学理论研究，那么这类学生应加大数学领域选修课的比重，对这类学生，数学选修教材是不够的，应予以拓展，甚至延伸到大学的部分课程；有的学生喜欢化学，将来志趣在化学研究，那么这类学生选修课应集中在化学模块，化学选修教材是不够的，应将实验技能列入选修，甚至与大学对接，承担部分课题实验；有的学生有舞蹈天赋，将来有

志趣成为一位舞者或者舞蹈家，那么这类学生选修课应集中在艺术模块和舞蹈训练。

3.培养模式课题化、项目化

培养模式多样化是一种理念，是一种思想，在操作层面如何下手？笔者认为，从问题解决角度出发，课题化、项目化是很好的选择。例如，根据学生的兴趣与选修课资源，结合学校实际，会出现个性化发展的"篮球生""舞蹈生""美术生""空乘班""数学生""物理生""生命科学生""外语生""国际交流生"等，与此相对应产生了如下课题、项目："篮球生培养模式""舞蹈生培养模式""美术生培养模式""空乘生培养模式""数学生培养模式""物理生培养模式""生命科学生培养模式""外语生培养模式""国际交流生培养模式"等。针对这些课题与项目，构建课程体系，制定实施方案，有针对性地进行教学，直接就走到了实践操作层面。随着时间推移，学校可能出现项目教学的优势领域，学校真正的特色就会显现出来。如果构想得以实现，我们就能理解普通高中取消文理分科的真正意义了。当然这只是一种理想，在实际操作中，不能教条，不能一哄而上，需要从实际出发。

（二）培养模式多样化需要创新与此相对应的评价机制

推进实施培养模式多样化是对国家新课程标准、《国家中长期教育改革和发展规划纲要（2010 ~ 2020 年）》的创造性落实，之所以我们感觉教学内容新、难度大，是因为我们离落实好新课程标准与《国家中长期教育改革和发展规划纲要（2010 ~ 2020 年）》还有较大距离。培养模式多样化背景下，亟须完善对学校、对教师、对教学质量的评价机制。新的评价机制必然包括学校课程体系门类、选修课开设比重、开设科目、课程实施水平、学分管理、学生综合素质发展报告、学生发展指导制度等。要完善并深入实施这些评价，的确需要一个过程，不可能一蹴而就。具体到多样化培养模式，需要对培养模式进行完整构建，包括课程体系、实施方法、实施水平、评价管理等。这里尤其要注意学分管理，现在大部分学校学分管理流于形式，效能远没发挥出来。笔者认为，学分管理切实应交给老师，监督管理留给学校职能部门，而不能由职能部门越俎代庖，这样才能充分发挥学分管理的评价、调节、保证功能。

（三）培养模式多样化需要构建多样化育人思想下的学校文化

推进培养模式多样化是普通高中发展的一场变革，这场变革会带来普通高中校园文化的转变，这个文化转变最显著特征是由同质化变为多样化，由精英教育变为大众教育，由应试场变为培养人、发展人的园地。变革后，学校文化的关键词为"丰富、多样、选择、快乐、成长"。这场变革，首先需要学校管理者转变观念，研究实施方案；其次需要教师转变观念，转变行为方式，适应新的教学及管理；最后需要学生转变思维方式，不是要我学，而是我要学，我的前程我做主，我选择，我成长。学校应进一步加强对学生生涯规划的指导，建立学生个别指导制度，印制学生选课发展指导手册，从入校那天起，学生就应明确高中三年如何度过。我们期盼着普通高中培养模式多样化这场学校的变革，期盼着"丰富、多样、选择、快乐、成长"这一校园文化的呈现。

（四）普通高中培养模式多样化需要体制机制的改革与创新

一是管理体制改革与创新，包括区域内高中类型的设置，学校内部管理机构设置，课程体系的开发与管理，校内培养模式多样化的构建、论证、实施与管理等。二是高中招生制度改革与创新。培养模式多样化需要改革特长学生的招生制度，推行特长学生自主招生制度，扩大普通高中招生自主权。三是高等院校招生制度改革与创新。培养模式多样化需要高考制度的改革，对于特长生应实行学业水平等级与专业测试相结合的高等院校自主招生制度，招收特长生以专业成绩为主。对于在某领域具有特殊天赋的学生，实行学业水平等级证书加校长、教师推荐书加自主测试相结合的制度。高等院校招生制度的改革对推进普通高中培养模式多样化，培养创新人才无疑有着十分重要的积极意义。

第二节　普通高中课程多样化的对策

高中阶段的课程改革既是课程改革的重中之重，也是难中之难。高中既引领九年义务教育，又决定高校与社会的人才质量，处于承上启下的独特位置，因此国际上有一种共识——"谁赢得高中，谁就赢得人才"。

自我国新课程改革启动以来，普通高中课程一直是改革的重点和难点之一，在取得一定成就的同时，面临一些挑战。《国家中长期教育改革和发展规划纲要（2010～2020年）》明确指出高中阶段的重要性："高中阶段教育是学生个性形成、自主发展的关键时期，对提高国民素质和培养创新人才具有特殊意义。"

下面结合我国的实际，对普通高中的课程体系及其相应的教育体制提出对策建议。

一、进一步明确我国的高中定位和课程设置原则

《普通高中课程方案（实验）》把普通高中教育的培养目标定位为"普通高中教育是在九年义务教育基础上进一步提高国民素质、面向大众的基础教育。普通高中教育为学生的终身发展奠定基础"，强调了共同基础的重要性。同时在高中课程改革的目标中指出，要"适应社会需求的多样化和学生全面而有个性的发展，构建重基础、多样化、有层次、综合性的课程结构"。可见，就高中课程的目标而言，既强调基础性，又重视多样化。我国高中的性质定位与高中课程设置的原则并不完全吻合，有待完善。

高中是九年义务教育和高等教育、职业教育、社会就业之间的过渡环节，这种过渡的属性必须在高中教育目标中得到充分体现，并协调一致地在课程设置、高考科目、高校招生等各个层面彻底地加以贯彻。我们应当在一定的共同基础上，尊重、珍惜学生智慧和才能的多样性，培养个性化、多样化的人才，培养能够顺利地适应高校和社会多元要求的人才，既包括各类精英人才，也包括各类普通民众，从而为学生的终身发展打下因人而异、各得其所、各展其能的坚实基础。

二、制定与高中课程多样化相协调的配套措施

（一）建立高中、高校学分互认、科目豁免制度

高中专业性选修科目可能相当于各专业大学一年级水平，甚至会有少数科目达到大二水平，学生只要获得该课程学分，并取得满意的分数，就可以豁免大学有关科目的学习，令学生更加顺利地毕业或提前毕业。从高中至大学，只要具备了足够的能力和兴趣，可以跳级跳课，通过便利的豁免制度，各个级别的教育制度实现了无缝衔接，极大地促进了学生的拔尖发展。

（二）推动高中类型的多样化

多样化的高中课程需要多样化的高中类型。众多的课程门类、艰深的专业内容意味着一般的学校难以开设有关选修科目。对此，大规模的综合学校和专业分化基础上的特色学校是两个有效的对策。

（三）建立和健全学生生涯辅导制度

原哈佛大学校长科南特在《今日美国中学》中建议，250～300个中学生就应该设一个专职的辅导员。按照减半配置的原则，我国每所高中至少应当配置2～3名专职辅导员，负责学习规划辅导、生涯辅导、心理辅导等，组织有关的讲座和活动，并承担少量的课程。辅导员不但要掌握有关心理学的知识和评测工具，应当加强有关的教育和修养。普通教师应当做高中生的辅导工作，以便构建全校性生涯辅导网络。应该考虑在初三或者高一阶段加强兴趣的引导，开设兴趣探索课程。

第三节　普通高中多样化发展的路径与方法

当前，经济和社会的迅速发展、城市功能的转换和产业结构的调整以及科技的进步对国民素质提出了多元化、多层次、多功能、多标准的要求。但普通高中实行的是单一的办学模式，使之不能为社会提供多门类、多规格、多层次的人才，不能充分满足社会主义现代化建设对人才的需要。普通高中多样化发展已经成为今后高中教育改革和发展的趋势。如何构建一个科学、多样、特色的普通高中发展模式，为学生健康发展和多元成才提供保障是摆在我们面前的一个重要课题。

一、普通高中多样化发展的意义

从战略的高度看，普通高中教育发展模式多样化是实现教育事业科学发展的必要前提，也是提升普通高中教育内涵发展的必经之路，更是保证广大学生健康成长的重要基础。

（一）体现了普通高中教育发展的内在理性

事物的发展变化具有多样性，这就决定了"单一性"不应是也不可能是现代教育的本质属性，"多样性"才是现代教育的本质特征。追溯普通高中发展的历史脉络，我国 1909 年设立中学之初，就已将中学分为文科中学和实科中学，并从 1928 年开始兴办综合高中，把普通中学、师范学校和职业学校合并在一起办学。中华人民共和国成立初期，国家将服务于学生"升学"和"就业"作为普通高中的双重教育任务。1995 年，国家明确提出"要继续抓紧普通高中办学模式的改革，改变目前比较单一的升学预备教育模式，逐步实现多种模式办学"●。由此可见，多样化陪伴了普通高中的出现，也伴随着普通高中教育的发展，其发展模式不仅符合普通高中教育的本质要求，还体现了普通高中办学的内在理性。只有以多样性为发展前提，才能拓宽普通高中教育的发展路径，打开普通高中教育的发展局面，保证普通高中教育健康发展。

（二）体现了普通高中教育发展的外在逻辑

普通高中教育多样化趋势能够出现有其外在的发展成因，即社会需要多规格、多层次的人才，这也是我们对普通高中教育需要什么样发展模式进行思考时很重要的一条逻辑线索。在整个教育体系中，普通高中教育在时间上介于义务教育和高等教育之间，存在承上启下的运行逻辑，但是不能将普通高中理解为义务教育的延续或者高等教育的准备。实际上，对于人的发展，每个阶段和层次的教育都有着独立的教育使命和独特的教育价值，普通高中教育也不例外。因此，依靠单一的办学体制和模式来推动多元人才培养目标的实现，是办学者的一厢情愿。多规格和多层次的人才标准决定了普通高中教育标准和培养目标的多元化，也决定了普通高中教育服务和教育发展的多样化。

二、普通高中多样化发展的路径与方法

普通高中多样化发展具有针对性和时代性，它不是对原来高中教育培养模式的简单摒弃，也不是单纯发展模式的累积叠加，而是一种对现行教育模式的丰富与完善，实现从规模发展到内涵发展、从追求划一到追求多样、从

● 袁桂林.关注高中横向定位问题 [N].中国教育报,2012-05-11(06).

注重整体到注重个体巨大转变的教育培养模式。从我国高中教育现状来看，普通高中教育多样化发展需要经历由单一向多样、由单极向多极、由一元向多元的转变过程。

（一）嵌入个性化教育模块，实现普通高中教育由单一向多样发展

以人为本，形成鲜明的个性化人才培养方案，为不同学生的可持续发展提供科学合理的个性化服务，是普通高中教育多样化发展的重要特征和必然要求。普通高中要结合本校办学优势和学生个性化需求，深入推进普通高中课程改革，改变高中课程结构过于单一、课程类型整齐划一的局面，嵌入个性化教育模式，使学生全面而有个性地发展。一是构建"统编课程＋个性模块课程"的嵌入式课程结构。统编课程是提升学生能力的功能性课程，主要包括国家和地方必修的课程；个性模块课程是注重个人特长发展的选择性课程和关注学生兴趣、情趣、志趣培养的延伸性课程，主要包括语言文学、数学逻辑、科学素养、人文素养、艺体素养等方面的特色教育课程构件。"统编课程＋个性模块课程"的嵌入式课程构成了一个必修与选修相结合，文化学习、活动体验与课题探讨相调剂，基础性课程、发展性课程和探究性课程相连接的多元育人教学体系，为学生提供菜单式教育服务，给学生预留更多的空间，以发掘学生的潜质、培养学生能力，满足不同潜质学生的个性发展需要。二是引入分层教学模式。针对学生的个体差异情况，实行目标教学模式、分层走班等模式，以适应学生对知识的掌握程度，丰富学生的知识结构。三是建立学生自主选择课程制度。给学生一定的课程选择权，允许具有潜能的学生免修或者提前选修某些课程。

（二）嵌入职业教育模块，实现普通高中教育由单极向多极发展

职业教育作为我国教育体系的重要组成部分，主要是对受教育者施以从事某种职业所必需的知识和技能的教育。在普通高中教育体系中借鉴和嵌入中等职业教育人才培养模块，可以推进普通高中的多元功能拓展，丰富普通高中的人才输送路径，也可以为职业教育的发展提供强有力的支持。借鉴和引进职业教育培养模式，就是要探索普通高中教育和职业教育的融通途径，为学生提供多次选择的机会，满足学生升学、就业和持续发展的多样化需要。一方面，以普通高中为母本，推进综合性育人模式，同时设置普通高中教育类课程和中等职业教育类课程，让学生根据自身兴趣爱好和成长发展规

划，在两种教育课程中自由选择，真正实现升学有基础、就业有出路；另一方面，建立普通高中与职业高中共享的平台，两类学校可以共享教育教学资源，学生可以相互选课、互认学分，学分可以累计或者转换，教师可以互相交流、相互兼课，学校允许学生根据自己的志愿进行普职系统转换，毕业时根据学生的志愿，给予职业资格文凭或者普通高中文凭，而且职业资格文凭和普通高中文凭等值认同。

（三）嵌入高等教育模块，实现普通高中教育由一元向多元发展

虽然普通高中是高等教育的重要准备阶段，但是普通高中不应该是高等教育单纯的"应试学校"，除了为学生升学做知识准备外，它还应该是大学前的"实习基地"。因此，可以打通高中与高校的互动渠道，加强高中与高校的合作，共同为学生学术能力和创新能力的培养做出努力。

普通高中可以借助高等学校的力量，在大学的科技园区或博物场馆建立学生科普基地，通过科普实践活动，拓宽学生的科学视野，拓展学生的知识结构；可以有选择性地聘请大学教师到学校担任兼职教师，举办讲座，指导学生开展具有一定水平的学术活动，帮助学生掌握科学方法，培养科学精神；可以开发大学实验室，鼓励学有余力的学生旁听大学学术讲座和课程；可以加强学生之间的沟通交流，以高校学生社团为平台，通过有目的地组织学生参与大学生社团活动，来提高学生的素质和能力。

第四节　普通高中多样化发展的顶层设计框架

一、区域普通高中多样化发展顶层设计的基本框架

在一定区域内，对普通高中多样化发展影响较大的主体有四个，即政府、学校、教师、学生。其中，以政府为主导，形成了政校关系、政教关系、政生关系。政府在进行普通高中多样化发展的顶层设计时，要协调好这三种关系，按照顶层设计原理，运用系统的方法进行设计。首先，在顶层，明确以发挥政府引导与服务职能为核心，以普通高中多样化发展为最终目标。其次，在中层，确定与普通高中多样化发展联系密切的三个维度，即学校、教师、学生。由于普通高中多样化发展主要是通过各普通高中的特色化发展来实现

的，学校是普通高中多样化发展的唯一载体，所以要以调整政校关系为主体。普通高中特色化发展离不开课程的特色化、校本化，而课程的建设需要优秀教师的支持，所以以调整政教关系也是政府的分内之事。与此同时，普通高中多样化发展最根本的目的是加强人才培养，满足其不同的教育需求，促进学生的个性发展，因此政生关系也是政府不容忽视的一个维度。由此确定以调整政校关系为主体，以政教关系为"左翼"，以政生关系为"右翼"，打造普通高中多样化发展的"一体两翼"。最后在底层，从发挥政府职能角度出发，分别分析政府对学校发展、教师发展以及学生发展的应为与何为。这样就能构建出区域普通高中多样化发展顶层设计的基本框架（图 3-1）。

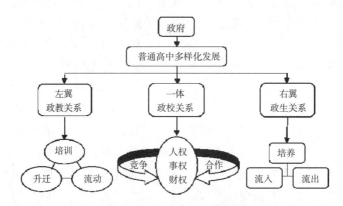

图 3-1　区域普通高中多样化发展顶层设计基本框架

（一）以完善政校关系制度为核心，即"一体"

每一项事业的科学发展都离不开科学的分工与权责相统一的制度安排，政府推动普通高中多样化发展也是如此。为了实现普通高中多样化发展的目标，必须厘清政府与普通高中之间的权责关系，划分两者之间的权责范围。政校关系的调整的实质是由单纯的隶属关系向行政权与自主权相互协调、相互制约的关系转变，由传统的行政管理向提供服务的方向转变，这是构筑政府与学校权责关系的核心。● 我们必须意识到政府行政权与学校自主权之间的调整绝不是简简单单的政府放权问题，而是在过多控制与彻底放手之间寻找一种平衡，这种平衡兼具静态与动态特征，即政府既要制定规范性政策，又要留有一定的调整空间。例如，对于学校经常处理的常规性事务，政府要出

● 汪明. 普通高中"办学活力"如何释放？[N]. 中国教育报，2014-04-29（6）.

台详细的法律法规，规范学校能够行使的各项权利及处理方式等；对于突发性、探索性以及研究性事务，政府要给予学校足够的权利，并做好监督者。

完善政校关系制度主要包括内外两方面。在学校内部，涉及不同类型学校的人权、事权、财权。普通高中的多样化发展必然会使学校的办学类型、培养模式逐渐特色化、多样化。例如，宁波市为了推动普通高中多样化发展，设置了四种学校类型，即学术型高中、学科特色高中、普职融通高中以及国际高中。正如培育不同品种的花需要的阳光、雨露、肥料各不相同，不同类型学校的发展需要的权利的种类与大小也不相同。例如，学术型高中在教师聘用、课程设置、经费使用等方面需要更大的自主权，普职融通高中则需要政府给予更多的师资支持、经费支持等。因此，在调整政校关系时，需要政府在深入调研的基础上，对不同类型的学校人、事、财等方面的权利与义务进行明确界定，从而充分发挥政府的服务职能，激发学校的办学潜力，促进高中学校的特色化发展。

（二）以健全政教关系、政生关系制度为辅助，即"两翼"

（1）普通高中的多样化发展离不开优质、充足、特色教师的支持。课程是学校特色的重要载体，课程的教授是由教师完成的，教师的教学风格、教学方法以及个人魅力对特色课程的形成具有重要影响。在一定程度上可以说，教师是一个学校特色发展的灵魂。实施个性化教育正是普通高中多样化发展的精髓。教师的个性发展与人格塑造对学校特色发展、学生个性成长有着至关重要的影响。俄国教育家乌申斯基说："在教育中的一切都应该以教育者的人格为基础，因为只有人格能影响人格，只有性格才能形成性格。"只有人格健全、个性突出的教师才能从学生角度出发，开设适合学生个性发展的特色课程，从而促进学生人格健全与天赋发展。那么，该如何促进教师的个性发展呢？政府要把培养教师个性与教师的培训、升迁与流动结合起来，在教师培训过程中，实现教师个性的"自生"与"再造"。"自生"是指政府设置相关课程与活动帮助教师发现并发展自身的个性；"再造"是指某些教师的个性可能不适合学生的发展，在教师培训过程中引导这类教师进行个性"再造"，从而形成新的个性。此外，完善教师升迁制度，奖励政策向个性明显、教学贡献突出的教师倾斜，以此激励教师内部发展的动力。与此同时，要健全不同个性教师的交流制度，通过不同个性的碰撞与交流，擦出智慧的火花，从而促进教师队伍整体素质的提高。

（2）满足学生多元的教育需求，促进不同类型人才的培养是政府推动普通高中多样化发展的根本目的。要满足学生的教育需求，必须先明确学生教育需求的内涵是什么。从经济学意义上来讲，需求是指在一定时期内既定价格水平条件下，消费者愿意并且在承受范围内购买商品的数量。❶ 从一般意义上来讲，教育需求作为需求的下位概念，其内涵可以由此引申为消费者接受教育服务并对其有支付能力的需要。但是，笔者认为这种界定仅涉及教育需求的一部分，有效的教育需求应该考虑三个部分，即接受教育服务前、接受教育服务中以及接受教育服务后。接受教育服务前要考虑学生意愿、支付能力以及招生方式；接受教育服务中要考虑提供的教育服务与学生天赋、能力的契合度，学生接受教育服务的适应能力；接受教育服务后要考虑学生个性、天赋是否得到发展，其社会价值有没有实现。换句话说，有效的教育需求涉及接受学校教育的学生"流入"、学生培养、学生"流出"三个环节。要实现学生有效的教育需求，关键在于政府主导推动学校教育改革。在学生"流入"环节，政府要进行中考招生制度改革，把统一招生与自主招生结合起来。一方面，加大自主招生的份额，鼓励学校根据本校特色制定相应的人才选拔方式、方法，从而使不同类型的人才得以脱颖而出；另一方面，规范统一招生，为高中适龄青年编织保障网，保证每一位适龄青年都能接受高中教育。在学生培养环节，除了加强选修课的建设外，政府还要支持普通高中探索、创新人才培养模式，为不同类型的学生提供适合的教育服务。在学生"流出"环节，政府从学生终身发展的视角出发，制定政策，引导学校把学生个性、能力的培养与其职业规划相结合，通过加强学生对不同领域的体验，使每个学生都能明确自身未来的发展方向，从而最大限度地满足学生有效的教育需求，促进学生个性发展及不同类型人才的成长。

二、区域普通高中多样化发展顶层设计的路径

进行区域普通高中多样化发展顶层设计，打造普通高中多样化发展的"一体两翼"，关键在于理顺政校关系、政教关系以及政生关系。在这三种关系中，政府处于核心位置，政府职能的转变是厘清其与学校、教师以及学生之间关系的前提。激发公办学校活力，调动社会力量办学积极性是促进普通高中多样化发展的不二选择。与此同时，制定普通高中教育市场的"游戏规则"的问题不容忽视，通过制定有利于普通高中相互竞争与合作的"游戏

---

❶ 蔡亦卉.中小学生校外教育需求的调查研究 [D].金华：浙江师范大学，2013：7.

规则"，使普通高中的发展由政府领导向学校自主转变，通过学校自主发展带动整个普通高中的多样化发展。除此之外，区域普通高中多样化发展的顶层设计还需要考虑到教师发展与学生成长的因素。完善教师的升迁、流动与培训制度，培养大批具有个性风格的优秀教师，为普通高中多样化发展提供充足、优质的师资保障。打造多样化的学生招录制度，探索、创新学生的培养模式，改革学生的评价标准，从而优化学生接受高中教育的"流入"—培养—"流出"过程，为学生的多元发展创造条件的同时，加速普通高中多样化发展格局的形成。

（一）转变政府职能是核心

按照政府职能理论，政府应该由管理型向服务型转变，即政府行政权的作用应该由领导与管理转变为引导与服务。为了推动普通高中多样化发展，要进行普通高中多样化发展的顶层设计，首先，政府要转变观念，在思想领域进行深刻改革，由家长式思维模式向服务者思维模式转变，从而把自己准确定位在服务者的位置上。其次，要推动政府职能的转变。对于学校的发展，政府必须从行政权命令式推动转向以学校自主权为主、政府行政权引导与服务为辅，并以此为指导，建立公共教育管理与服务体系。再次，合理划分政府与学校的权利与责任。改革与完善现行的教育管理制度，明确政府、学校的应为与何为，并建立相应的惩罚制度，防止两者的行为跨越"红线"，避免两者权责不清给普通高中多样化发展带来的困难。此外，出台相应的法律法规，规范政府在政策制定、实施以及监督反馈方面的职能，为约束政府的行政权、保障普通高中的自主权提供法律依据。加强政府决策民主化建设，健全政策咨询、专家论证、公众听证、社会监督的制度化建设，增强决策的科学性。最后，要加大对普通高中学校的财政投入，加大推动其多样化发展方面的科研投入，为普通高中多样化改革与发展服务。

（二）激发学校活力是关键

市场经济的发展使社会力量、海外资本得以进入教育领域，这给普通高中的多样化发展带来前所未有的契机。在江浙一带，众多民办普通高中在人们日益旺盛的教育需求下产生，并逐渐成为高中教育的重要组成部分。此外，随着社会国际化程度的提高，民众的教育需求逐渐多元化，为了满足其教育需求，外国教育机构也顺势进入当地的教育领域，中外合作办学的形式已从单纯的课程合作发展到开办外资学校。在普通高中教育领域，形成了以公办高中为主体、民办高中为辅助、外资高中为补充的格局，政府也逐渐接受并适应普通高中教育格局的改变。普通高中办学主体的多元化必然有利于其多样化发展。除此之外，我们还要看到现实存在的问题，即公办高中办学积极性不高，民办高中发展缺乏保障，外资高中力量较为弱小，等等。因此，要想实现普通高中多样化发展的目标，必须解决公办高中、民办高中以及外资高中办学过程中遇到的困难与障碍，以激发学校活力，促进学校多样化发展。

激发学校活力，关键在于政府向学校放权，推动学校依法自主办学。扩大学校的自主权并不等同于让学校"独立自主"，而是在市场条件下，各普通高中学校依据自身的社会取向、发展取向以及教育取向，与政府分权。下放学校办学自主权，首先，要按类赋权，由于学校类型不同，各类学校的发展所需要的权利自然不同。例如，普职融通高中在师资交流、学生联合培养、课程开设等方面需要政府给予更多帮助，学术型高中则在学生培养、招生制度、评价等方面需要更大的自主权。因此，针对不同的学校发展需求，政府要进行科学的制度安排，分别给予各类普通高中相应的权利。其次，将财权、事权赋权。包括学校招生录取、教师交流聘用等方面的权利；包括政府财政拨款、社会力量捐助、各类学校收费、经费使用等方面的权利；包括学校办学、课程设置、教材选用、教学改革、人才培养、校际合作等方面的权利。如此，对不同类型学校进行赋权就有了方向。最后，促进民办高中与外资高中的发展。与公办高中相比，民办高中与外资高中的力量较为弱小，难以与公办高中进行竞争。如此，市场调节的作用就难以发挥。为了解决这一问题，释放各类学校的办学活力，政府必须制定政策保障民办高中与外资高中的利益，并为其发展创造适宜的环境，从而壮大民办高中与外资高中的力量，为实现三者之间的竞争、促进各类学校多样化发展创造条件。

（三）构建发展规则是保障

要实现普通高中教育多样化发展，仅靠扩大学校自主权是不够的，还需要为学校权力的运用构建规则体系。这种规则体系包括两方面：正式法律法规构成的"外生规则"与非正式社会文化构成的"内生规则"。只有这两方面达到契合，才能实现普通高中多样化发展的目标。在"外生规则"方面，政府已经着手制定普通高中多样化发展的政策法规。下一步，政府需要在充分调研的基础上，以学校类型为基础，有针对性地从人、财、事等方面制定详细的规范，从而推动政府依法治教，学校依法办学，实现教育法治。此外，为了加强学校之间的竞争，激发学校内部发展动力，教育部门还要把市场调节与政府调控两种方式结合起来，制定规则，规范公办高中、民办高中以及外资高中之间和各类高中自身系统内部的合作与竞争行为，充分发挥市场"优胜劣汰"与政府"保底补漏"的作用，推动各类学校健康、有序、错位发展。

在"内生规则"方面，由于长期受应试教育的影响，整个社会及学生家长只关心学生考试的分数，认为学生只有考高分才是好孩子，才会有出路。在一定程度上可以说，家长关心的不是学生，而是学生接受何种教育。很多家长认为，无论自己孩子适合与否，都必须接受普通教育，接受职业教育就代表着"此生无望"。在这种情况下，人为地将普通高中与职业高中划分出了高低。实现普通高中多样化发展的前提是所有教育都必须平等，只有内容的不同，没有地位的高低。无论学生接受哪种教育，都能被社会认可、被家长所接受，只有这样，普通高中多样化发展才不会是纸上谈兵。因此，政府务必要加强宣传，转变家长的思想观念及社会风气，让家长意识到学生个性发展的重要性适合学生的教育才是最好的教育，让整个社会都认识到普通高中多样化发展的重要意义，进而为普通高中多样化发展寻求社会环境的支持。

（四）促进师生发展是根本

推动普通高中多样化发展只是手段，最终目的是实现人的发展，其中既包括教师，也包括学生。从教师的角度看，教师和学生一样，也有个性发展的需求，如每位教师都有独特的教学风格以及擅长教授的领域。教师个性的培养与发展既有利于推动所教课程的多样化、特色化，又有利于个性化教育的施行，进而实现因材施教。如此，学生、教师、课程的特色化发展就会带动整个高中教育的多样化发展。因此，教师的个性发展是推动普通高中多样化发展至关重要的一环。为了实现教师个性发展，政府应该从教师的培训、升迁与流动三方面入手，制定相关制度。培训是要帮助教师发现并发展个性；升迁是要激励教师的个性发展；流动是要加强不同个性教师的交流。通过师徒制（让有个性的教师指导个性不明显的教师）、合作制（个性不同的教师相互配合工作）等方式，建立一支个性明显、高素质的教师队伍，为普通高中多样化发展提供师资支持。

　　从学生角度看，要想实现学生特色、多样发展，除了加强学生培养模式的探索与创新外，还需要政府改革普通高中学校学生的"流入与流出"。学生的"流入"是指各普通高中的招生录取、学生日常评价要多样化，因为只有多样化的招生录取方式才能适合不同类型人才的选拔，只有选拔出不同类型的人才，后续的培养工作才会有意义，否则，再好的培养项目也只是在做无用功。试想让一个具有美术天赋的人去学体育，其结果可想而知。与此同时，政府要引导学校改变过去单一的学生评价制度，运用多种评价方式，如考试评价、档案袋评价、360°评价等，帮助学生更好地认识并发展自己的个性与天赋。学生的"流出"是指结束普通高中教育后，学生对自己有了科学的认识，知道自己的特长、兴趣所在，对接受高等教育的专业甚至未来选择的职业出路都有明确的目标。因此，政府要创造条件让普通高中学生有更多的机会接触甚至深入更广泛的社会和科研领域。例如，创建各种特色培养项目，让学生有机会与不同行业的专家交流，增加对不同领域的体验。在丰富多彩的教育活动过程中，让学生发现自己的闪光点，从而为学生更好地实现自己的人生价值打下坚实的基础。教师与学生的特色发展有利于普通高中的多样化发展，普通高中的多样化发展反过来又为教师与学生的特色发展提供条件，最终使学生个性成长、教师特色发展、学校多样化发展相互影响、相互促进，形成一种良性循环，并且通过这种循环，构建普通高中多样化发展的长效机制。

第四章 普通高中特色化课程建设

第一节 普通高中课程的核心元素

一、个性发展是高中教育的发展目标

课程目标决定课程的价值取向。高中特色课程从政策层面上分析，主要是响应《国家中长期教育改革和发展规划纲要（2010～2020年）》，力求把高中办出特色。我们要尊重学生的想法，把学生从成人世界的控制中彻底解放出来，全面关注学生的发展和个性培养。因而，高中教育从育人的角度来看，必须克服以往那种唯升学和就业的观点，顺应时代的要求，努力把高中生培养成个性突出、全面发展的社会需要的人才。

二、特色课程是实现学生个性发展的手段

加德纳的多元智能理论对传统的统一制式的学校育人方案提出了挑战，它更多地从人的独特性角度去培养人、发展人，更多地在因材施教的基础上制定培养方案。国际21世纪教育委员会向联合国教科文组织提交的报告《教育——财富蕴藏其中》也强调："扩大了的教育概念应该使每一个人都能发现、发挥和加强自己的创造潜力，也应有助于挖掘出隐藏在每一个人身上的智慧财富。"❶

---

❶ 和学新.促进学生主动发展：课程目标的转型——我国新一轮基础教育课程改革的课程目标解读[J].学科教育，2002（1）：6-10.

特色课程都是从学生个性化、多样化培养的角度，让学生选择适合自己的特色课程，以实现个性化发展目标。比如，志愿者活动锻炼了学生的实践能力、俱乐部活动锻炼了学生的身心和意志、自主性学习活动提高了学生的学习水平和兴趣。这一系列的特色课程为促进高中学生的个性化发展提供了良好的学习平台。

第二节　普通高中特色课程开发步骤

一、确定课程目标

从学生的角度来看，高中特色课程的开发是为了满足学生个性化、多样化的发展需求。学校特色课程的开发在一定程度上是从学生的个别差异角度考虑，提供符合学生需要的多样化课程。它将学生的兴趣爱好、个性特点、班级生活、乡土文化、学校活动、社会实践甚至研究性学习都纳入了特色课程中。课程的价值在于为每一个学生提供有助于个性解放和成长的经验。另外，考虑到学生兴趣和需求的渐次分化，高中特色课程还应为学生提供多样的可选科目，使每个学生各得其所、各展所能。

从教师的角度来看，课程的开发应满足教师成长的专业化诉求。在课程开发中，教师往往是课程内容的忠实执行者，没有真正的课程开发参与权。高中特色课程的开发培养了教师的课程开发意识与能力，其课程开发意识、课程资源利用意识、课程的设计能力和评价能力都在悄悄地发生变化。特色课程的开发有助于教师专业素养的提高，有助于教师充分发挥自身特长。

从学校发展的角度看，高中特色课程的开发是一个学校文化建设的要求。学校文化是经过长期发展积淀而形成的全校师生的教育实践活动方式及其所创造的成果的总和，包含物质文化、制度文化、精神文化和行为文化。它是学校潜在课程的重要组成部分，也是学校特色课程的支撑。同时，高中特色课程设计要考虑学校长远发展目标，结合学校的历史传统、现实条件、学生特点加以规划，形成学校特色。另外，多门类的特色课程的开设也符合学校培养多样化、个性化人才的需要。

二、设计课程内容

高中特色课程内容上可以有下列取向：

（一）课程内容即学生社会生活经验

课程即生活，这种取向的重点放在学生做些什么，而不是学科体系上，关注的不是向学生呈现什么内容，而是让学生积极从事某种活动，特别注重课程与社会生活的联系，注重以学生的兴趣、需要、经验为中介设计课程内容。高中特色校本课程很多资源都是来源于学生的真实生活。当然，也会结合学科文化特色来开发与学生相关的活动课程。所有这些关乎学生生活、涉及学生社会生活经验的高中特色课程都应该归为潜在的特色化校本课程。

（二）课程内容即学生的学习体验

建构主义认为，知识来源于学习者的自我建构，决定学习的质和量的是学习者自身，而不是教材或教师。学习者之所以参与学习，是因为教育环境中某些特征吸引了他，学习就是对这些特征做出反应。学习经验不同于一门课所涉及的内容，而是指学生与外部环境的作用——体验。这里的体验最初在杜威的教育思想"做中学"中有所体现，即如何让学生通过参与有真实意义的活动来获得有价值的体验。对此，学校要组织科学研究活动，让学生参与其中，积极探究，形成初步见解，然后对彼此的见解进行评点、质疑、改进、丰富和汇总，并延伸出新的问题。这些活动大部分依托学科课程展开，主要包括经典阅读、真知真才讲座、项目设计、课题研究等，旨在培养学生的阅读习惯、学习兴趣和思考能力，引导学生形成寻师问道的良好习惯和创新思维，不断挖掘自身潜能。另外，也可以组织一些实践活动，让学生在亲身参与的过程中获得知识与经验。这种研究型课程和实践型课程体现了高中特色课程实施过程的特色化、优质化。

（三）课程内容即学科知识、教材的活化

高中特色课程内容不可能是传统课程意义上的教材或学科知识，尽管大部分学者把特色课程定位于地方课程与校本课程之间，但国家课程不可能完全被排除在特色课程体系之外。国家规定的必修课程可以通过与特色化的地

方或校本课程建立某种联系，把必修课程进行特色化的改造，这其中包括教师对相关课程的开发。另外，也可以给予学生一定的选择空间，让学生有计划、有步骤、合理地安排自己的必修课程，真正体现个性化的学习方案。

三、完善课程评价体系

（一）特色课程实施前的评价

一般来说，这个阶段的课程评价有"背景评价"和"输入评价"。❶ 前者包括界定学校的背景，确认课程的服务对象并评估其需求，确认满足需求的可能方式，诊断需求所面临的问题，以及判断目标是否能响应已知的需求，主要为高中特色课程建设提供依据。后者是对实现课程目标所需要而且可以得到的条件所进行的评价，是对课程实施可行性的评估。它涉及的问题包括实现课程目标的可能性、各种方案的潜在成本、课程的优势与劣势、课程资源可获得性等问题。无论是高中特色课程的"背景评价"还是"输入评价"，都一改以往课程建设中绝对集权的模式，特色课程开发不再是教育部门、学校领导及学校部分人的事情，而是与学校教师、学生息息相关，需要全员参与。特色课程实施前需要进行系统调查、分析、访谈、座谈等，这改变了长期以来课程建设过程中教师、学生是课程建设之"局外人"的角色。

（二）特色课程实施中的评价

特色课程实施中的评价也叫"过程评价"，这一阶段的评价主要是描述特色课程的实施过程，从而确定或者预测课程实施中存在的问题。比如，有关活动是否按预订计划得到实施，是否在以有效的方式利用现有的课程资源等，从而为课程开发者提供修正课程的有效信息。这些信息包括学生的选课情况、学生的学习情况、教师的意见和建议、校本课程开发的配套措施、教学目标、教学内容、组织实施的策略等。"过程评价"打破了以往仅限于师生主体的评价方式，变为了多主体动态协同评价，由多个主体参与进行，包括学校课程委员会、教师、学生、家长等，决策者可以从中获得丰富的评价信息。另外，评价的方式也不再是以往的终结性评价，即以考试为主，而开

---

❶ 邢至晖，韩立芬.特色课程开发的 7 项核心技术 [M].上海：华东师范大学出版社，2013：146.

始采用过程性评价方式，诸如描述性评价、故事评价、个案评价和研讨评定法都是评价特色课程的重要方法。❶

（三）特色课程实施后的评价

特色课程实施后的评价也叫"成果评价"。这一阶段的评价主要是测量、解释和判断课程的成效。这一阶段的评价主要是由结果性评价转变为过程与结果相结合的评价，由外部评价转变为内部评价和外部评价相结合的评价模式。要促进新的评价机制的形成，全面而多角度地完成对一个合格高中毕业生的评价，真正改变一考定终身的片面的评价体系，高中特色课程无疑是最好的途径。但问题是如何建立起与高中特色课程相配套的成果评价方式，如何建立高中生的成长记录袋。目前，当务之急就是增加高中生成长记录袋的权重，为高中生提供更多的展示个性的机会。

第三节　普通高中特色课程配套措施

一、高中特色课程政策支持

《国家中长期教育改革和发展规划纲要（2010 ～ 2020 年）》明确指出，普通高中类型单一、办学特色不足。我国高中教育的办学模式与管理模式一直处在探索之中，但千校一面的问题仍然存在。政府支持普通高中学校建立特色化课程体系，鼓励学校在国家课程方案的指导下，根据自身定位和本地实际，努力建设涵盖国家课程、地方课程与校本课程，显性课程与隐性课程，常规课程与特色课程的学校特色化课程体系，从多角度入手，建立符合办学目标和培养目标的特色课程，彰显学校的办学特色。综上所述，国家层面上的课程政策可以引领高中特色化办学，改变高中同质化现象。

二、高中特色课程师资建设

高中特色课程的建设需要许多优秀的特色教师参与，但建立一支符合特色课程要求的特色教师队伍不是一件容易的事情。培养出合格的特色教师应

---

❶ 邢至晖，韩立芬.特色课程开发的 7 项核心技术 [M].上海：华东师范大学出版社，2013：148.

从以下几个方面入手：

（一）转变教师的观念

教师的课程观念转变不是一个线性的、简单的过程，而是一个复杂的、系统的过程。首先，要转变教师的课程观念。以前教师一般把课程定位于学科或者学科学习计划，后现代课程观提出课程是"跑的过程"，从某个角度看，就是把课程的定义上升到了学生在学校学习生活的所有经历，可以说学校生活无处不是课程，只要对学生成长有利的生活经验都是课程的有效资源。依照这样的课程观念，高中特色课程的开发可以涵盖学生的学习生活、校园文化、学科建设以及社区文化。教师的课程观念的改变能够为特色课程建设打下良好的基础。其次，要转变以往教师一贯遵循的"教师是课程忠实执行者"的习惯。新的课程观念把课程规划的制定、实施都纳入了教师的日常教育教学过程中，让教师不仅成了课程的执行者，还成了课程规划者、评价者和开发者。这种观念的转变有助于教师将课程开发作为自己日常教育教学的一部分，有助于教师在学校生活中发现特色课程资源，并积极地开发相应的特色课程。最后，改变课程评价目的，进一步加深对教育内涵的理解。以前的高中学业课程评价大多是为了高考和学生就业服务，这样的评价窄化了高中课程的建设意义，使高中课程建设只围绕高考有关科目或者社会就业热点进行。目前，国务院及教育部也下发了一些关于高中学业考试评价的规定，目的是把以前重视选拔的终极性评价逐渐变为注重综合素质的形成性评价，而要实现这样的目标，就必须开发能提高高中生综合素质的一系列特色化课程。另外，教师也要改变以往注重升学、一考定终身的评价模式，通过建立高中学生学习生活成长记录袋，全面、客观地评价高中学生。

（二）搭建平台，培养教师开发课程的能力

教师要具备一定的课程开发能力。一般来说，教师的课程开发能力涉及教育理念的思考、学校实际情况调查研究、对学生实际需求和个性发展的关注、对社区课程资源的利用以及编写特色课程纲要、实施特色课程、评价特色课程等诸多的能力。要培养教师的这些能力，学校就需要搭建相关的平台，鼓励教师参与特色课程开发、管理。比如，学校可以建立学校课程发展委员会或者学校课程开发领导小组，让学校领导、教师、学生、家长、社区代表一起参与特色课程开发工作，以确保特色课程开发的合理性。另外，学

校还可以通过专家引领的方式，聘请高等院校的专家指导特色课程的开发，甚至直接让专家走进课堂，讲授特色课程。通过这些特色课程平台的建设，强化了教师的课程意识，让教师了解了特色课程的内涵和特点，明确了特色课程设计的基本理论和基本方法，并使教师对特色课程产生了思想、观念、情感上的认同，形成了具有共识性的特色课程的教育理念和改革目标。

（三）发挥教师特长，培养其创新意识

特色课程需要特色教师，而成为特色教师的首要条件是必须具备一定的特长。每个教师都有自己的专业特长和兴趣取向，都有不同于他人的成长经历和社会阅历。学校在开发特色课程的同时，应该充分考虑到本校教师的特长。有的教师阅历丰富，自身有很多令人难忘的成长经历，这些经历本身都是独特的，也是宝贵的课程资源。如果学校在开发特色课程过程中考虑到这些教师的特殊经历，让他们有机会调出自己有价值的人生履历，兴许这就是一门难得的特色课程。还有部分教师具备一定的才艺，如果学校利用好教师的这些才艺，将其应用于特色课程开发领域，不仅能丰富教师的业余生活，还能为学生提供个性化课程教育。特色课程的开发还需要学校培养教师的创新意识，尤其是在特色课程实施过程中，教师的创新意识非常重要。

（四）加大教师培训力度，创设良好的校园环境

特色教师的培训不同于一般的教师专业化培训，它更多的是就教师的特色课程建设能力有计划地对特色教师进行培养和训练。特色教师的培训内容主要涉及教师的课程编制能力、实施能力等方面，重点是要培养教师开发特色课程的相关能力。由于特色课程主要是以地方课程和校本课程为落脚点，因而它大部分是由学校或地方政府组织实施的。在学校这个层面上，可以成立一支由校长带领、组织健全、分工明确的特色课程研修队伍，有计划、有步骤、有主题、有针对性地就特色课程相关问题进行研究，也可以采取"走出去、请进来"的方式，如组织教师外出考察、学习，从高校邀请相关特色课程的专家、学者来学校讲学。这样的活动可以增进教师对特色课程内涵的理解，进而增强教师的课程开发能力。另外，也可以将教师培训市场向社会开放，由政府向学校发放"培训券"，再由学校向社会培训机构购买相关培训服务。学校还可以通过各种奖励措施鼓励教师参与特色课程建设，使其在课程建设中逐步成为一位副其实的特色教师。

三、学生指导制度常态化

我国高中学生指导制度主要集中在一些经济发达地区的重点高中，一些经济薄弱地区还未制定高中学生指导制度。我国有关高中生指导制度内容主要包括学业指导、生涯指导和生活指导三个部分。

（一）学业指导

学业指导是一项与教学紧密联系但又相对独立的教育形式。学业成功、升学一直是高中学生首选目标。概括来说，学业指导主要有以下几个方面：一是学习目的和学习态度指导。帮助学生明确学习目的，识别使学业成功的态度和习惯。二是学业计划和时间管理指导。主要是帮助学生确立适合自己且具有挑战性的学习目标，并帮助他们合理安排学习时间。三是学习方法和考试技巧指导。帮助学生寻求适合自己的学习风格和方法，在考试之前做充分的心理、技巧的准备。四是选科和选课指导。帮助学生根据自己的志趣、特性、专长选学理科或文科，选修学校开设的课程，同时指导学生在学习中发展自己的兴趣和特长。

（二）生涯指导

"生涯"概念最初与"职业""工作"联系在一起。在高中阶段，学生面临着人生的第一次重大抉择，不仅要在升学和就业之间做出选择，还要考虑毕业后上什么学校、学什么专业乃至从事什么职业。这种面向未来的人生规划和高中生正在形成的世界观、人生观、价值观联系在一起，也和他们当下的学习实务紧密相关。他们需要考虑选修什么样的课程，是学理科还是文科，怎样通过自己的努力实现自己的人生规划，这些需要高中生自己去思考、探索、选择，也需要成年人的指导和帮助。生涯指导的内容主要有生涯规划指导（帮助和指导学生根据自己的志趣、个性、专长树立事业目标，制订生涯计划，并根据实际情况调整目标和计划）、职业定向与就业准备指导（帮助和指导学生进行职业探索，了解新型职业和未来职业，根据自己的兴趣及能力逐步明确自己未来的职业方向和范围，深入了解适合自己的职业的要求、状况和入职技巧）、升学定向和升学准备指导（帮助和指导学生进行大学教育探索，了解国内外大学系科和专业设置，选择适合自己的大学，为上大学做准备）。生涯指导在帮助高中生完成第一次人生重大抉择上起着不可替代的作用。

（三）生活指导

普通高中学生正处于成长与成熟的变化期，必须增加其对真实生活的感受和认识，必须使学校教育与生活现实之间紧密联系起来。美国教育学家杜威认为"生活即教育""教育即生活"❶。

从学生发展的角度看，在高中学校中为学生提供生活指导符合高中教育的目的。这种生活指导有助于学生明白个人发展的意义，有助于学生形成科学的生活习惯、正确的生活态度和健康的生活行为。它的主要内容是指导学生认识和明了生活的意义，引导和帮助学生形成一种正确、科学和健康的生活观。例如，北京理工大学附属中学将生活指导定位于帮助学生形成良好的生活习惯，塑造学生积极向上的自我形象，提升学生自我领导能力，促进学生身心健康发展，塑造学生健全人格，使其适应学校学习生活与社会生活。对学生进行生活指导可从生活习惯指导、心理调适方法指导、学校生活适应指导、困境应对和技能指导、沟通技能指导以及领导和组织能力发展指导入手。

第四节　普通高中特色化校本课程开发

课程是传递先进教育理念的重要介质，是教学活动的基础，所以高中特色化办学也要表现在课程的特色化上。因而，普通高中特色办学的关键在于课程与教学。如何将特色与学校课程相融合是每一所高中开展特色化办学的一个难点。教育部印发的《基础教育课程改革纲要（试行）》指出："为保障和促进课程适应不同地区、学校、学生的要求，实行国家、地方和学校三级课程管理……学校在执行国家课程和地方课程的同时，应视当地社会、经济发展的具体情况，结合本校的传统和优势、学生的兴趣和需要，开发或选用适合本校的课程。各级教育行政部门要对课程的实施和开发进行指导和监督，学校有权力和责任反映在实施国家课程和地方课程中所遇到的问题。"在这种制度的允许下，学校才有条件开发出体现学校特色的课程。校本课程便是在这种环境下开发起来的。学界对校本课程进行了明确的定义："校本课程是学校或校内个别教师、部分教师，为满足本地区物质文明建设与精神文明建设的需要、本校的发展需要或本校学生的发展需要，所开设的富有特

---

❶ 张斌贤.外国教育史[M].北京：教育科学出版社，2015：45.

色的课程。"❶ 高中特色化办学需要在科学合理的学校特色课程体系中得以实践开展，所以非常有必要开发校本课程。

一、基于特色确立课程目标

校本课程的开发需要以明确的学校办学理念为指导，立足于本校自身的教育资源，充分调动师生的积极性，发挥课程对学校特色化办学的重要作用。学校和教师在对校本课程的开发中要学会用理性的目光不断总结、反思学校的教育，认清学校的教育教学现实、所具有的教育资源基础、未来学校的发展方向，只有收集这些层面的信息，才能在校本课程的开发过程中充分展现学校的办学理念，更好地为学生服务。学校的特色办学理念和校本课程的开发之间具有辩证关系：一方面，学校的特色办学理念是校本课程开发的基础，校本课程就是在特色办学理念的指导下才产生的；另一方面，校本课程对学校特色办学理念的实施具有很大的促进作用。从我国当前的教育现状来看，两者存在"互助共生"的关系。

促进学生个性发展是当今教育改革的重要命题之一。在对校本课程的研究当中，发现校本课程的开发促进了学生的全面发展，促进了学生的个性彰显。在多种多样的办学案例当中，笔者发现学校的特色办学理念为校本课程开发提供了重要的理论支撑，只有科学合理的办学理念才能使学校和教师在对国家课程、地方课程的二次开发过程中有一个恒定的方向。校本课程的开发必须和学校的特色办学理念紧密贴合，坚持学校的办学特色不偏离。

二、营造"全员参与"的课程开发环境

校本课程的开发是需要学校师生广泛参与，并在专家和行政管理人员指导下进行调整，共同开发成果的一种应用性课程研究活动。所以，校本课程的开发要想顺利进行，就必须充分调动教师、学生等的参与积极性，形成"全员参与"的研究氛围和条件。

（一）调动教师的积极性

学校是理想课程转化为现实课程的主阵地，教师有权力决定"怎么教"，同时有一定的权利决定"教什么"。教师的主观能动性是学校进行校本课程开发的必要条件，因为教师是课程开发的主体，也只有教师能从校本课程的

---

❶ 季银泉.课程与教学论 [M].南京：南京大学出版社，2009：66.

开发、推行中切身体会到校本课程存在的问题，并在这个过程中积极地反馈、修正。可见，教师的能动作用在校本课程的开发过程中举足轻重。

（二）调动学生的积极性

基于个性化教育的校本课程开发是为了尊重、发展和展示学生的个性而存在的，学生就是其中的一个开发主体，所以在校本课程的开发过程中要充分发挥学生的主体性，使学生参与到校本课程的开发中，为学生的个性发展提供广阔的空间。

三、丰富校本课程内容

校本课程是以学校办学特色为核心的一系列课程的总和。单一或者是独立的几门课程不能完全承载学校的特色办学理念，所以学校的校本课程在一定程度上具备多元化、多样化的特点，能够从不同维度展现学校的特色办学理念。

（一）把握核心重点

每个学校的特色化办学都是突出自身的一个特点，以此为核心，进而深入研究以形成学校的"特色"。校本课程的内容设置也必须有核心，这个核心就是每个学校自身的特色办学理念。作为学校特色办学理念的载体，校本课程在特色化办学的建设中起着举足轻重的作用。学校的一切运作说到底是为了更好地服务于"教学"，课程的设置直接影响着教师的教学行为。另外，学校虽然在特色化办学过程中会把教师的教育行为作为体现学校特色办学理念的一种形式，但是由于不同教师的教学风格是不能够统一量化的，只能够进行引导而不能做硬性的规定，所以不可控因素较多。而课程的内容选择可以将标准化的选择和自主化的创新相结合，将学校特色办学理念展现在教师和学生面前。校本课程是要服务于学校的特色化办学，这就要有所"牵制"，而不能够漫无目的地创新。这个"牵制"就是以学校的特色办学理念为核心，重点突出学校的特色。

（二）多元化拓展

校本课程的丰富需要多元化的研究视角，从不同的角度为校本课程的开发提供选择，这一点和促进学生全面、个性发展紧密相关。学校要以促进学生的全面发展为本，同时关注学生的个性化发展。这两者都需要学校为学生提供多种教育资源，以满足不同学生的需求。表现在校本课程开发中就是要对具有学校特色的核心课程进行多元化的拓展，围绕学校特色发展的主旨，不断地对校本课程内容进行创新。学校的特色办学理念就像是学校自主建立、开发的新大陆，建立之初只用插上学校的特色大旗和简单的标志性建设即可。但是要在这片土地上逐步开展可持续的教育生活，就需要合理地规划、扩建，创造更多的便捷条件为之服务。校本课程就是服务于学校特色办学的一个模块，随着特色办学的发展，模块需要具备的功能就越多，其体系就越细化。学校必须在开发校本课程的过程中坚持开拓创新，不断为校本课程添加新的活力。

四、建立特色的评价体系

"特色的校本课程评价机制"是为保障校本课程在开发中得到有效反馈的必要条件。《基础教育课程改革纲要（试行）》中提出，"要建立促进学生全面发展的评价体系""建立促进教师不断提高的评价体系"和"建立促进课程不断发展的评价体系"，从中可以提炼出课程、学生、教师三个反馈主体，特色评价体系的构建就要从这三个反馈主体入手。

（一）立足现实，对课程可行性的评价

校本课程的开发不是一件一蹴而就的事情，而是需要长时间的反复考量。这就要求必须先对学校所处的社会环境和课程资源有深入地了解和考察，对校本课程开发的可行性进行分析。校本课程的有效实施需要依托现有课程资源和办学经费以及设备设施的支撑，若是在这方面有所欠缺，校本课程的开发就有可能功亏一篑。另外，在对校本课程开发的可行性分析中，不仅要对学校的传统文化背景和教育资源准确把握，还要对学校的周边环境等进行分析、研究。总之，在校本课程的开发过程中，对各方面因素进行实地的考察和分析，是形成学校特色课程的第一步，是评估校本课程是否能够合理推行的第一个标准。

（二）学生为本，加强师生的课程反馈

校本课程的开发是为了促进学生发展，进而促进学校可持续发展。校本

课程的研发要引起学生的兴趣，要求教师对学生有一定的预测，知道学生可能对哪些方法感兴趣，有针对性地开发校本课程。同时，学生要与教师沟通，表达自身的主观需求，由教师将这种需求作为参考，不断地对校本课程的流程、内容等方面进行调整。这样，学校就需要建立符合本校特色的师生反馈机制，立足于教师的现状，及时了解学生的切实需求，以能让校本课程的开发更符合实际。

（三）教师为核心的课程评估机制

校本课程的实践是评价其是否合理的唯一途径，而教师是校本课程的主讲者，他们对校本课程内涵的理解程度、校本课程的讲解手段以及对课程内涵的延伸都是有其独特风格的。教师是学校特色办学理念的承载者，其思想和言行都会受到学校特色办学理念的影响。学校在校本课程的开发中要想留存自身的特色，就要留给教师发挥自身主观能动性的空间，让教师在实践校本课程的过程中将自身的特色充分发挥出来。学校要组织教师积极地参与校本课程的开发，同时对其实践校本课程的过程进行关注和评价。在评价过程中，以人为本，将教师作为核心，将关注点从简单的教学成果扩展到教师教学过程的每一步，让教师进行自评和互评，这样才能及时解决校本课程实施过程中遇到的问题。

第五节　普通高中特色课程建设的反思与借鉴

高中选修课程到底倾向"多样化"还是"特色化"？两者之间是否有矛盾？两者之间联系何在，区别何在？不搞清楚这些现实问题，就有可能在高中选修课程设置上陷入混乱，徘徊于多样化和特色化之间，无法处理好它们之间的关系。

一、高中选修课程多样化的辨析

从社会发展的角度看，20 世纪末，许多国家都发起了面向 21 世纪的基础教育课程改革，如日本、法国等国在课程结构上都做出了相应的调整，增加了选修课程、地方课程和校本课程。纵观世界各国课改情况，不同国家高中的性质、定位和培养目标、课程设置虽有不同，但主要涉及两个问题，即基础性和多样化，其中多样化的要求都得到了不同程度的体现。原因是各国为了顺应信息化、国际化、多元化社会所需要的教育价值理念，培养适应未来的合格高中毕业生，必须从课程的多样性角度来拓展学生的能力。从课程发展的角度看，鉴于当下高中教育已经从精英化向大众化转变，随之而来的培养目标也出现了相应的变化，以往那种就业＋升学的培养模式已经不太合适当下高中的培养目标。高中教育可能更多要关注学生的基础学习能力和个性发展能力，传统的那种单靠学科教育和职业教育的课程模式已经不能适应社会发展对高中毕业生的要求。面对这种情况，多样化的选修课程势在必行，因为只有依靠多样化的选修课程，才能依据不同学生的个性特点，找到适合学生自我发展的未来之路。

二、课程多样化可能带来的问题

（一）课程多而无"界"

课程的多样化可以在多尔的后现代课程观中找到"影子"，多尔的后现代课程观强调课程的丰富性、不确定性和扰动性，尽管他最初的丰富性不是指课程数量上的增长，更多的指的是"适量的不确定性、异常性、无效性、模糊性、不平衡性、耗散性与生动的经验"。这里的经验可能还指课程的多层论释、意义和问题群。现实中教育部门甚至教师片面地把丰富性等同于多样化，造成了课程数量的盲目增长，以至于新能源、地方戏、中医、循环经济等都进入课程领域。其实，深入思考一下，这里的"丰富"不完全指的是课程数量上的多样化，还包括课程意义、课程理解等其他方面。完全把课程的多样化理解成数量上的扩张，很容易造成课程多而无"界"。这里的"界"不是要给课程画上一个确定的边界，使课程处于一种静止不变的状态，因为课程本身就是变化的，确定性的课程很难适应时代发展的要求。但也不能否认变化中的相对稳定，有些涉及基础共识性的课程本身就是人类智慧长期积累的结晶，是人类文化发展的一种延续。虽然全球的文化形式多种多样，教育和课程也屡有变化，但它们仍然是以某种同位结构的确定性方式实现的。世界各国在教学科目的设置和课时分配上渐趋一致，因而它实际上是一种共性与个性的统一。

（二）课程多而无"序"

扰动性可以说是后现代课程一个典型的观点，扰动的本质就是变化，代之而起的是一种开放的课程。扰动本身在于反对静止，提倡变化，促成课程的协商；开放则意味着多角度、多方位地接纳，反对封闭僵化的课程。两者相加，可能会造成后现代课程观对现代课程秩序的挑战，抛弃课程的有序原则。其实，扰动和开放是否一定就要反对课程的有序性，这个问题仍值得商榷。首先，任何事物的发展都是有一定方向的，尽管这个方向未必就是直线型的，可能存在曲线甚至反方向，但大致的方向是向前的，这一点是人类普适性的共识。各个时期课程内容的选择、课程实施方法的改变就可以证明这一共识的存在。如果课程的发展缺少了这一有序的方向性，课程本身的意义就会丧失，学校教育也就会失去存在的价值。其次，现代课程在逻辑顺序和心理顺序的考量上有其合理的意义。课程内容的逻辑顺序是学科发展历史的体现，展现了课程内容前后相辅相成的内在关系，保障了课程内容的逻辑性和严密性，便于学习者由浅入深地掌握；课程内容的心理顺序主要体现了学习者的心理特征，根据学习者的年龄段合理有序安排高中选修课程内容，有利于学习者由易到难地掌握课程内容。当下在课程多样化的倡导下，高中选修课程大多以模块化的方式选择课程内容、安排课程实施，以至于实践过程中就出现了模块过于多杂，模块与模块之间缺少必要联系和衔接的问题。

三、高中特色课程辨析

高中特色课程是顺应高中特色办学提出的，因为特色办学的最佳承载点莫过于特色课程。高中特色课程至少有以下理论基础：从教育目标看，它切合了人本主义的教育思想，一切特色课程都是为了满足学生个性发展的需要，都是以人为本；从课程的内容看，它是加德纳多元智能理论的最好体现：学生的个性潜质是多元化的，特色课程正是基于此来开发、建设的；从课程评价角度看，它放弃了一考定终身的传统评价模式，代之以过程性评价方式，为全面客观地评价学生、培养未来社会所需的合格人才打下了坚实的基础。可以说，高中特色课程体现了现代社会发展及高中从精英型向大众化转型的需要，但课程的特色化可能存在以下问题。

（一）特在"表象"

鉴于高中特色课程主要是改变我国高中同质化现象，鼓励高中办出特色，因而很多高中学校在开发特色课程的过程中往往以学校的文化传统、区域特色为主，以项目带动学校特色课程的开发。但学校的特色是否应该和学生的需求相契合仍值得怀疑。比如，一些地区乃至学校的文化传统已经不合时宜，在不考虑学生的前提下开设这样的特色课程是否能够满足学生的要求？是否能够适应时代发展对未来高中毕业生的需求？学校开设的任何课程都是为教育目标服务的，其最终的服务对象应该是学生，尤其是特色化、个性化的校本特色课程。如果从学校自身角度考虑特色课程的特色化，很容易造成脱离学生的华而不实的特色课程，这样虽然看起来很光鲜，其实只是满足了学校特色化的表象，没有真正开发出特色课程。而那些特色课程只能是写在纸上、贴在墙上，对学生的全面发展毫无意义。

（二）特在"片面"

鼓励学校办出特色本来是针对我国高中长期以来升学＋就业而形成的一种同质化的倾向，但当前高中学校特色课程建设可能因此走向另一种形式的特色课程的同质化。很多普通高中在升学这方面无法和重点高中抗衡，为了求得一席生存之地，只能在特色上做文章。目前，我国很多学校的特色化办学都集中在艺体特色上。因为既要有特色又要出成绩，艺体特色课程的设置是最好的捷径。艺体考生高考录取分数线低，学校以这些艺体课程来表现特色，可以说是双赢。这种近乎另一种同质化倾向的课程特色其实是功利化教育的必然结果，长此以往，可能会带来资源浪费。片面化特色课程的开发其实背离了特色课程的内涵，最终会走向人才培养的片面化与同质化。

四、"多样化"和"特色化"内在的关系

（一）"多样化"是"特色化"的基础，"特色化"是"多样化"发展的目标

高中选修课程的开设是为了满足社会经济发展对高中人才培养提出新的要求。社会经济发展需要全方位、复合型的人才，仅靠以往的职业教育和学科教育已无法满足现代社会对高中生未来走向社会的要求。未来的高中毕业生必须具备创新精神、适应能力、合作意识。在这种要求下，如果仍采取以往统一的课程设置，就有抹杀学生个性发展之嫌。因此，各国在21世纪之初都进行了课程变革，共性即都要求高中增设多样化的选修课程。这既适应了时代的要求，又满足了不同学生的个性需求。一方面，"多样化"是选修

课程"选择性"的必然要求，没有"多样化"的选修课程，课程的"选择性"就无从谈起；另一方面，"选择性"的过程其实就是课程自我完善、自我发展的过程，经过对多样化选修课程的筛选、重组，剩下的能够被学校长期作为选修课程的科目必然是特色课程，因而"多样化"其实也是"特色化"的基础。同时，这一多样化选修课程的发展过程也是课程发展的必然趋势，"多样化"选修课程最终就是要实现"特色化"，通过"特色化"来优化选修课程，以满足社会和学生的需求，实现高中课程培养目标。

（二）"多样"一定"特色"，"特色"则未必"多样"

根据我国学者石欧的观点，特色课程主要分为三类：一是学校开发的校本课程，主要课程资源来源于区域和学校相关特色领域；二是国家课程特色化实施，包括教学方法、手段、设计模式的特色化；三是课程特色组合方案，是学校对国家规定的课程进行的重组和改造。无论是哪一种特色课程，都和"多样化"有着千丝万缕的联系。校本特色课程要立足于地域和学校固有文化特色，由于每个地区、每个学校历史、传统和文化的差异，其校本特色课程必然是多样化的。课程实施的特色化需要课程实施者——教师具体执行，教师因其年龄、所受教育、价值观、性别的不同，在具体的课程实施过程中不可能采取统一性的实施办法，应做到"教无定法"。这就决定了课程实施的特色化也是多样化的体现，是最有个性的，而个性化的东西因人而异，是多样化的。由此可见，课程的"多样化"是"特色化"的，"多样化"是"特色化"的基础和核心。

相反，课程的"特色化"则未必一定是"多样化"的。特色课程的"特色化"形成需要"多样化"作为基础，但在课程改革过程中，最终的目的是将课程的"多样化"逐步变成"优质化"，完成"人无我有、人有我优"的课程愿景。"多样化"可以说是"特色化"发展的一个起点，但未必就是最终的目标。特色课程中的"优质性"和"独特性"本身就和"多样化"有着某种内在的冲突，独特、优质的东西本身就是个性化的，不属于多样化的范畴。很多"多样化"的特色课程未必就是"特色化"的课程，它只有在课程改革过程中得到公众承认并显示出强大的活力，从多样化的课程中脱颖而出，才能形成自己的特色，成为优质、独特的特色课程。课程实施的多样化和课程方案的多样化是在实践过程中逐步实现的，而且只有形成独特的风格，才可以谈得上"特色化"。

（三）"多样化"重在数量，"特色化"则重在质量

多样化的选修课程是建立在一定数量的课程科目基础上的，没有数量上的多样化，也就无法选修课程的选择性。无论定位于国家课程、地方课程还是校本课程，选修课程的平台一定是多样化的相关课程联合体。目的是为学生全面发展服务，让学生有自主选择的空间。哲学上所说的"多"和"一"的关系如下：只讲"一"而不讲"多"，就否定了世界的丰富性和多样性；只讲"多"而不讲"一"，就否定了世界的普遍性和统一性。任何现实存在的事物都是具体的、特殊的，是"一"与"多"的辩证统一。"多样化"并不表示无所不包、无所限制，它注定要在课程变革的过程中经过大浪淘沙，建立起相对稳定、有利于学校和学生发展的选修课程体系。这一充满选择性的课程发展过程也就是课程"多样化"走向"特色化"的过程。因为经过课程改革、优化所保留的一些优质化的选修课程必须具备"特色化"，而"特色化"的课程本着为每个学生提供发展平台的理念，要充分考虑到学生的个别性差异。"多样化"的数量最终要服务于"特色化"的质量，这是课程改革发展的必然要求。

无论是课程变革趋于"多样化"还是"特色化"，其本质上都是为学生个性化发展打下良好的基础。课程改革中的"多样化"最终需要"优质化"并上升到"特色化"，这也是高中选修课程发展的必然趋势。

第五章　普通高中特色化办学的实践策略

第一节　普通高中特色化办学的意义

一、有利于打破高中千校一面的办学模式

洛扎诺夫认为，理想的东西应当尽可能地保持个性，因为这是最可贵和最美好的东西。哪里的个性受到压抑，哪里的教育就不可能完全实施，因为只有以个人的身份才能在思想和感情上有所建树，才能坚持不懈地追求。

《学会生存——世界教育的今天和明天》中强调"个性培养具有决定性作用""教育的目的在于使人成为他自己，变成他自己"。和谐的课堂教学环境、丰富多彩的教学内容、弹性跳跃的课程设置能让学生始终处在"我选择、我喜欢"的情境中，个性得到保护，创造性思维得到空前发展。就高中教育阶段来说，学生的个性分化倾向已逐渐明朗，如何保护和张扬高中生的个性应该成为教师考虑的问题。要让个体的潜能得到充分开发，使不同个体的个性彰显，为不同类型的人才发展提供多样的条件，就需要提供不同类型的教育，需要不同特色的高中。如此看来，高中特色化发展就是开辟出具有个性特征的发展道路，让每所学校都可以根据自己的情况，并结合当下需要，办出自身的鲜明特色。这样，高中就无好坏、高低之分，只有发展特色不同之分。在我国高中教育日益普及、高等教育逐步大众化的今天，面对学生多样化发展的急迫要求和社会对多样化人才的需求，普通高中学校要尽快更新发展观念，转变"千校一面"的发展模式，扭转同质化教育态势，走特色发展之路。

二、有利于拓展高中学校发展空间

（一）追求教育高品质

随着市场经济的高速发展、人民群众生活水平的不断提高，人们对教育品质的要求越来越高，追求高质量的教育早已是人们的普遍追求。特色化学校的建设和发展是建设中国特色社会主义教育体系的迫切需要，是提高办学水平的需要。在这种情形下，学校如何生存和发展就成为每一位校长苦心思考和用心研究的课题。要想改变学校目前的状况，就必须让学校具备办学特色，因为特色蕴藏着优势，优势体现着竞争力。要想使学校特色建设更"优"、更"特"，就必须扬长避短地进行优势发展，将特色建设融入学校的教育活动；让学校树立起特色高校的基本理念，在内外部环境下展示自己的特色，形成由点到面、由面到点的立体特色活动阵地，使教育资源配置更为合理，走出传统教育的牢笼。这样，学校才能扩大知名度，提高品牌影响力，产生广泛的社会影响，赢得社会的关注、家长的认可、学生的信任。

（二）促进普通高中教育可持续发展

普通高中学校的特色化办学有利于高中教育实现可持续发展。在推进普通高中优质特色发展中，我们应坚持"统筹规划，整合资源；因地制宜，注重实效；明确责任，统一管理；整体推进，分类指导；局部示范，以点促面"的推进策略。首先，以办学目标和育人目标为宗旨，整体构架学校课程体系，扩大学校课程，开发、建设、引入特色课程。其次，找准突破口，做好顶层设计和规划，制定实施方案，强化资源建设，使特色创建工作有序地开展。具体来说，要准确认识和把握普通高中的培养目标，将特色建设进行分类；要树立学校与教师相互成全的思想，为创建学校特色拓宽渠道；要加强校园精神文化、生态文化、制度文化、班级文化建设；要用特色办学理念构筑学校的发展愿景和蓝图，塑造师生共同价值观，并内化成师生的行为文化；要坚持特色育人与全面育人、个性化与规范化相统一，群策群力，把特色创建工作变为一个形成共识的过程；学校要加强与主管部门、督导和教研等部门的交流，联合开发课程，共享教育资源。除此之外，还要加快信息化步伐，发挥信息资源的强大优势，实现信息技术与学科教学的深度融合，深挖学校内涵，提炼办学思想，将学校传统、学校特色与学校文化建设融为一体，以先进的学校文化引领学校发展；逐步取消重点班、尖子班，均衡配备教学资源，着力实现教育公平，深化教学实践改革，以进一步提升普通高中教育教学质量；立足校情、教情和学情，提炼学校特色，打造具有鲜明办学个性和风格的特色和品牌学校，建立普通高中特色化、多样化发展格局，从而保证普通高中优质特色发展战略落到实处。

三、有利于高中课程改革

课程是学校教育的重要载体，是学校鲜明特色的体现，也是实施特色建设的桥梁。学校拥有什么样的课程才能培养出什么样的人才。当今，办有特色的学校受到了全世界的认可，"特色"伴随时代的脉搏应运而生，学校特色化发展有利于新课程改革。在加强特色化办学过程中，要用开阔的视野、精细的实践，探索出课程整合之路。一方面，优化课程设置，打造校本特色课程，在现有的教育框架内进行课程改革与创新，以特色课程建设带动整个学校的特色发展。另一方面，积极探索"国家课程校本化改造，校本课程精品化实施，特色课程品牌化发展"的课程现代化发展之路。尤其要鼓励高中基于地域优势或传统优势进行校本课程开发，并以此为基础，探索特色高中的形成路径。这有利于普通高中学校形成"百花齐放""百花争艳"的发展格局，也利于重基础、多样化、多需求、高层次、综合性课程结构的形成。

第二节　普通高中特色化办学理念的形成路径

学校的办学理念最能将学校的个性和特色系统地呈现出来。普通高中特色化办学必须在其建立了特色办学理念的基础之上进行。学校的发展需要一个明确的方向、相对稳定的发展目标，并且其办学过程要立足于特色办学理念。一个学校特色办学的理念生成有其逻辑体系，下面探索学校特色办学理念的形成路径。

一、多年办学传统的积淀

每所学校都有其历史，而且在长期的办学实践过程中可能会形成共同的价值追求。学校要想办出特色，就要立足于现实，以自己多年办学的传统为基础，坚持对学校办学实践进行总结和反思，从中找到学校教育教学实践中最具活力的因素，对其进行不断的完善和扩充，这样才能形成适合学校发展的特色办学理念。需要注意的是，这种特色办学理念一定来自学校的办学实践，而不是照搬照抄文章中的部分词句就随意确定。

二、校长长期办学的成功经验

校长在学校特色办学理念的形成中起着至关重要的作用。校长是学校的组织者、决策者和主要的管理者，学校的办学特色和校长的教育观念有着直接的关系。在学校特色办学理念的形成过程中，校长必须有清醒的角色意识，主动承担起设计学校特色办学理念的责任，引领学校师生发展。有人直白地表示："一个好校长就是一所好学校。"一个校长的办学理念应该是所在学校的办学理念的具体执行，是它的继承，更是其发展。校长对学校的存在价值、学校的未来走向和学校的改革路径都要有理性的思考。而校长的办学理念是校长的教育理想和其所具有的教育管理经验相互作用而产生的。

在我国，校长在学校中具有较强的权威性，他的办学理念往往能够影响一所学校的发展。学校办学理念通常是校长办学理念的延伸，并且会通过校长的言行而得以表现，其中夹杂了校长的主观理解和个人风格。所以，校长的办学理念对学校特色办学理念的形成具有重要作用。需要指出的是，这两者也有区别，校长的办学理念虽然在一定程度上可以左右学校的办学理念，但在实践环节，学校的办学理念会囊括更多的因素，不可以单方面认为校长就是决定学校发展的全部因素。可以说，校长是学校的设计师和工程师，在学校办学理念的形成过程中，校长的思想和价值观念起着指导和方向性的作用，对学校办学理念的形成具有积极的、正面的影响，但不能把学校办学理念等同于校长办学理念。

三、合理运用教育资源

一所学校办学理念的形成需要办学者阅读大量的相关文献资料，并且融合自己长期的办学经验，从而形成自己的办学理念。另外，对马克思主义关于人的发展理论、现代教育的价值观、教育生态学理论、人本主义心理学理论、精细化管理学理论以及中国传统的优秀文化也要认真研究。学校在提炼办学理念的时候，要从这些理论与文化中广泛汲取营养，不断地丰富特色办学理论的内涵和底蕴，并将可以利用的教育资源合理地整合起来，为自己的特色化办学服务。

四、诗意德育

（一）风教

"风教"即班风、校风的教育。北流市第九中学实施"一班一品"德育工程，致力于形成个性化、多元化的班级风尚。各班班主任和学生根据本班的实际情况，制定本班的品牌文化，每个班级所展现的"品"不仅是班级的特色亮点，更是班级同学的共同愿景。比如，"营造书香班级，共享读书乐趣""花样年华多才艺""不奋斗不青春"等。

"一班一品"德育工程激发了班集体的创造力，增强了班集体的凝聚力，营造出了积极向上、团结协作的班级文化氛围，让学生在美的享受、爱的熏陶中受到潜移默化的影响，在润物无声的教育和启迪中健康成长。

（二）雅教

"雅教"即雅言、雅行的教育。"诗教"这个词最早出现在《礼记·经解》："孔子曰：入其国，其教可知也。其为人也，温柔敦厚，诗教也。"整部《诗经》从言辞的角度来看，让人感受到的正是"雅言之美"——辞气谦逊、态度娴雅、文辞通达、用语典雅、道理纯正。

针对部分学生的不文明之风，北流市第九中学利用创"北流市语言文字规范化示范学校"的契机，精心布置宣传阵地，加强对墙报等文化阵地的指导管理，大力推广文明用语，构建和谐文明新校园。

北流市第九中学还在落实"雅教"的实践中提出了"温言细语展淑女气质，礼和谦美显绅士风范"的口号，拟定了培养现代"绅士""淑女"的德育方案，方案要求男生彬彬有礼、待人谦和、衣冠得体、知识渊博、谈吐高雅，女生仪态端庄、秀外慧中、通情达理、温和睿智、乐观自信。通过倡导"说雅言""写雅文""行雅事"，塑造学生儒雅的气质。

（三）颂教

"颂教"即典礼、仪式的教育。学校仪式与典礼是学校德育工作的重要组成部分，是对学生进行思想道德教育的重要手段和形式。北流市第九中学在实践中形成了升旗仪式系列活动、"展望与回顾"励志典礼系列活动、"重大节日"系列活动三大典礼仪式体系。

每周的升旗仪式围绕德育主题进行"国旗下讲话",注重对学生进行爱国主义教育、革命传统教育和理想信念教育。

"展望与回顾"励志典礼系列活动针对的是开学典礼与毕业典礼,表彰学生标兵,对学生寄予厚望,让学生在榜样的激励下奋然前行。

"重大节日"系列活动以传统节日为载体,通过挖掘传统节日中的德育元素对学生进行德育教化,如端午节所蕴含的重国家、重社会的责任担当,重阳节所提倡的敬长辈的优良传统,清明节所蕴含的缅怀先人、弘扬传统、感恩思源的情怀。北流市第九中学充分发挥语文、历史、美术等学科的人文教育优势,结合传统节日文化内涵,加强学科之间的渗透与互动,助推诗意德育的开展。例如,端午节时,让学生收集与端午节、屈原有关的诗词、歌曲,组织开展"端午节诗歌欣赏会",培养学生的家国情怀。又如,清明节时,北流市第九中学举办主题为"缅怀先烈,讴歌春天"的"清明诗会",对学生进行爱国主义教育和革命传统教育。

苏霍姆林斯基曾说:"我一千次地确信,没有一条富有诗意的、感情的和审美的源泉,就不可能有学生全面智力的发展。""凡是出现大声斥责的地方,就有粗鲁行为和情感冷漠的现象。"德育也应该以诗意的追求去唤醒人们沉睡的心灵,正如海德格尔所指出的:"人本来就该诗意地栖居在大地上。"作为教育者,我们也应该让学生诗意地栖居在德育的沃土里,点亮他们的诗意人生。诗意德育就好像一场绵绵的春雨,"随风潜入夜,润物细无声",巧润百花争艳。

第三节　普通高中特色化发展的形成路径

特色化发展需经历结构性的变革过程,这其中包含教学、管理、制度、观念、文化等方面的系统改进。从目前大多数学校的情况看,包容学生个性的教育理念、触动教师心灵的专业发展、基于"内需"的校内外协作资源的挖掘是学校在教学、文化、管理、制度建设等方面需强化的三个要点。

一、包容个性的教育理念：围绕学生的学习需要和资质构思特色教育体系

学校特色办学理念是基于提升全体学生的基础学力提出的。[1]有研究显示，那些能够在特色化发展中不断取得突破的学校往往会从改进学生的学习方式着手推动改革。这包含三个环节：一是从学生具体的学习变化、学习表现和学习需要出发，探索实现这一目标最有效的教学策略；二是反思学校组织为支撑这一发展需要做出的调整；三是检视早先制定的学校管理策略，提炼出对学校最有用的改进计划并使其制度化。由于不同个体达到某一领域特定发展水平所需要的学习时间和教育条件存在不同，加之他们在不同发展领域中的发展极限存在差异，因而依据学生具体学习情况进行的教育体系的调整便在一定程度上彰显了"个性化"的特征。

一般而言，为了确保每个学生都能实现充分发展，特色学校必须兼顾"基础性全面发展"和"较高水平特长发展"[2]两个方面，即不仅要确保资质较高的学生获得额外的发展，为他们提供所需的特殊课程，还要为资质一般的学生提供用以支持自身学习和发展的普通课程。

一些高中学校的改革经验显示，包容个性的教育理念体现在课程与教学中通常离不开三个环节：一是进行"学情"和"教情"调查。借助丰富的数据，了解每个学生的学习水平、资质、兴趣和需要，同时明确学校在满足学生需求、促进学生潜能方面存在的优势与劣势，并在此基础上提炼学校特色，进行查漏补缺。二是结合学校特色，分层、分类构建课程体系。比如，按学生学习水平进行分层，然后面向全体学生、部分学生、个别学生分别开设基础类课程、拓展类课程、研究类课程和兴趣特长类课程；结合学生生涯规划，实行专业分类与水平分层，在每个专业类型内部分层设置课程群。三是提供课程菜单，根据学生选课情况，综合考虑时间安排、科目分布和教室配置等因素，为每一位学生量身定制个性化课表。[3]这样，不论成绩好的学生还是成绩一般的学生，都有机会接受适合自己的教育，获得额外的发展。不仅如此，学校特色办学理念和办学成果也能够较自然地渗透到课堂教学中，进而助推教学质量的提升。

---

[1] 吴景松.当前普通高中特色发展的制度困境与重构[J].教育理论与实践，2015（9）：22-25.
[2] 傅维利.论当代基础教育的特色化建设[J].教育研究，2014（10）：14.
[3] 裴娣娜.新高考制度下深化普通高中课程改革的几个问题[J].中小学管理,2015（6）:4-6.

二、触动教师心灵的专业发展：让教师围绕学校目标共同努力

追求高水平、高质量教育的动力和责任心需根植于教师的心灵。正是如此，学校特色化发展想要取得长期效果，就必须致力于教师思想意识和技能的提升。通过调动教师的力量、才智以及潜藏在教师群体中的愿望和共同理想，使教师朝着共同目标一起努力。这其中主要涉及教师探索力和行动力的提升。

（一）学习、研究的共同体与教师探索力的激发

"探索是活力和自我更新的发动机。"❶其通常开始于个人对某些问题的质疑和反思，或是对所处境遇、所做事情的失望和不满意。基于对个人愿景的期待，在不断经历信息搜索、实验之后，不仅个体的观念、目标会得到更新，其继续学习、研究的标准、技巧也会成为一种习惯。然而，这种较理想的行为背后需要几种具体能力的支撑，即学习力、反思力、研究力和坚持力。

一些成功的案例显示，为激发教师的探索力，学校往往会强调学习共同体的组建，较重视同伴之间的互帮互学以及小规模团体内的研究和讨论。这些团体可以由学校组织成立，也可以由教师个人自发成立。其内容可以是围绕某些核心问题展开的辩论和研讨，也可以是对学校工作改进意见的切磋。学校要做的工作如下：①将"多样性"结合进"共同体"的组建中并使其制度化，保证团队组合的多元化和灵活性，以及团队成员知识、能力结构的互补性。②不断激发教师的探索欲望。要不定时地制造一些"混乱"，提出一些较棘手的问题，打破教师头脑中的平衡感，进而激发其进一步探索的积极性。有经验显示，持续性的探索激励以及过程中的相关辅导往往有助于教师将研究的标准和技巧内化于心。③把教师的学习、研究和讨论与学校发展联系起来，将那些经由探索、研究获得的良好想法和成果进行提炼，转化为学校新的发展观点，同时教师研究也得以应用。这往往有助于增强教师的自我效能感，激发其探索的热情。

（二）创造性学习与行动力的发挥

学校改革的成效往往取决于校内成员的积极配合。这种配合不是被动地

---

❶（加）迈克尔·富兰.变革的力量——透视教育改革 [M].中央教育科学研究所，加拿大多伦多国际学院，译.北京：教育科学出版社，2004：22.

服从或顺应，而是积极行动。与一般的劳动、工作有所不同，"行动"通常意味着个人能够去创新，去发动某件事情，意味可以从行动者身上期待未曾预料的事情，而这些行动者也总能完成不可能的任务。就此而言，"行动力"便是一种"创造性拉力"、一种自制力和控制力。它能够让个体自觉地以一种独特的方式拉近愿景与现实之间的距离，让个体在经历模糊认识、混乱、探索和试验后获得自我的突破。这有赖教师的创造性学习，即"学有所用""学有所创"。

让教师持续不断地学习，以更新思想、方法和观念，是多数学校都明白的道理。然而，并非所有的学习都能让教师获得改革的灵感和动力。倘若学习只是来源于培训，未能成为教师的主动行为，也未能帮助教师实现自身愿望，那么这些基于培训的学习只会成为无效劳动。进行创造性学习，学校通常需要做好以下几点：

一是形成支持学习和愿意学习的风气，使学习成为一种习惯。比如，可以将除学生以外的人分为不同小组，由校长、骨干教师先形成"爱学习"的习惯，然后有意识地带领、帮助其他成员一起成长。

二是营造共同学习的氛围，构建学习的共享交流机制。包括构建学与思的共同体文化，让共同阅读、交流和分享成为教师工作、生活的一部分。同时，鼓励教师在相互设疑、启发中形成新思想和新方法；支持教师去其他学校参观学习，与校外同行一起工作，交流经验，并做好参观、学习后的总结与反思，勇于对同行思想和实践提出异议。

三是重视教师个人学习成果的运用和思想的转化。比如，开辟试验通道，让教师有机会试验、尝试新思想、新方法；重视"集体领导"，让教师有机会参与学校决策。在此过程中，不仅教师有动力、兴趣和信心去学习，学校也能扩大改革的范围。

三、基于"内需"的校内外协作：发掘和积累可用的学校"资本"

学校的"发展就是通过成长和在变化多样的环境中建立更多的联系，不断地改进和完善"。❶有研究显示，那些同时兼顾内部联系（学校成员之间的联系、部门与其成员之间的联系）与外部联系（学校与校外其他部门之间的联系、组织或个人之间的联系）的学校更容易实现可持续发展。而这些

---

❶（加）迈克尔·富兰.变革的力量——透视教育改革[M].中央教育科学研究所，加拿大多伦多国际学院，译.北京：教育科学出版社，2004：53.

"联系"多数时候体现为一种协作关系。由此来看，"联系效应"的形成其实依赖一个前提，那就是交往双方彼此之间需要相互配合、相互作用、共同创造。这也正是协作的基本精神。有效的协作通常要做到以下两点。

（一）校内协作：重视共同管理，搜集智力资本

学校智力资本一般来源于校内全体成员（包括教职工和学生）及学生家长的知识、技能和能力。储备、发掘和组织这些智力资本往往有助于学校新观念的孕育和新知识的创造。而协作便是学校搜集、运用这些资本的有效途径之一。目前，许多学校已形成较完备的校内协作网络，如专业性的团队合作、同伴之间的互帮互助、学生家长的决策参与等，但并非所有学校都能在这其中获得想要的成果。有些时候，由所谓"协作"带来的混乱、无序或"小团体思想"不但无法帮助学校获得所需的智力支持，反而还可能干扰学校的发展视线。

对学校而言，要开展有效的校内协作需要注意两点：一是将学校支持和教师层面的需求联系起来。期望在协作中获得什么成果（协作目标）？想通过协作争取何种具体的智力支持（协作内容）？可以为教师协作提供什么样的支持性条件（协作形式、组织条件、环境条件）？这些是学校拓展校内协作必须考虑的问题。对学校发展需求和智力资本把握不够，对教师、学生乃至家长的需求缺乏针对性的回应，对团队合作、集体领导缺乏必要的指导和干预，都会制约学校获取其发展所需要的资本和动力。二是共同管理，发掘教师专长，使每位教师都把自己的特长发挥出来。在此过程中，学校应进行必要的协作指导和干预，避免协作过程中的"小团体思想"和无效合作。通过集体内的交流、分享和争论，使个人愿景获得提升，并有机会融入集体的共同愿景中。

（二）校外协作：积累社会资本，获取改革灵感

"寻求外部支持和培训是有活力的象征。"❶对学校而言，要获得改革的灵感，争取校外支持，就必须做出以下努力：一是从学校发展需求出发，与同行、高校、其他专业团体及具有伙伴关系的社区建立联系，形成合作网络。一方面，参照学校自评和校外监督系统的反馈意见及其提供的比较数据，有

---

❶（加）迈克尔·富兰.变革的力量——透视教育改革[M].中央教育科学研究所，加拿大多伦多国际学院，译.北京：教育科学出版社，2004：105.

针对性地选择校外学习通道，寻找专业指导；另一方面，扩展校际的协作圈，兼顾与发展类似的学校、参与不同活动甚至相反活动的学校之间的接触，从而通过同行之间的接触、对比和协作进行查漏补缺。二是主动融入外在环境，开放地接受外来影响，不断修复与完善学校的教育生态。对外界的期望、政策、制度、变革要积极、主动地回应。比如，积极地赞同和扩大某些期望、政策、制度的作用，据此打开未来发展的窗口，为自己创造预先行动的机会；对于不够成熟的政策、意见则提出异议，缩小其影响。总之，对外协作的目标就是帮助学校"在争论的前沿、在行动上以及在不断的再评估上保持比较宽广的视野"。

第四节 普通高中特色化办学的指导原则

示范性普通高中想要走上特色办学的道路，必须要先明确学校的特色办学方向，明白自己要走上特色办学道路的原因。

一、以学校的实际发展需要为基础

每一所学校都有不同的校史背景、办学环境，特色办学能够打破过去那种"千校一面"的办学环境，使学校充分发挥自己的能动作用，从而因地制宜、因时制宜地找到一条适合自己的发展道路。可以说，示范性学校的办学就是要在规范的基础上进行大胆合理的创新，这种创新的动力和保障就是学校对自身资源、条件的准确把握。学校的学生资源、教师资源、硬件资源与社会资源等都不同。有的学校将学生的综合能力培养放在首位，有的将学生的个性发展放在首位，还有的将培养学生良好的道德品质作为教育的重心。对教师的培养也一样，有学校认为教师的专业技能是需要提高和培养的重点，有的学校把教师的文化素养和为人处事作为学校组织管理中的一个亮点。不同的学校在分析了自身的优势和欠缺后，才能发现学校发展中最需要的东西。

二、突出学校的文化个性

学校的特色是学校长期积累所形成的，是学校传统的重要组成部分。任何一所学校都有具体的、独特的、不可替代的文化传统，每所学校的历史都是无法复制的存在，在其历史的长河中积淀并衍生出的学校文化是学校走上特色办学之路的基石。学校在定位自己的特色办学目标时，要总结出本校原本就具有的办学思路、办学模式、办学策略、价值取向、行为体系等，以学校传统文化为基础进行改良和创新，并延续和放大自身特色，而不是抛弃本身的文化传统，不断变换和人为打造所谓的学校特色。

三、坚持以学校的发展为本

学校的特色办学必须坚持以学校的发展为本，强调研究的主体性。在特色办学的过程中，校长和教师要以学校为主体，深入分析学校的发展走向和规律，结合自身的理论经验，创造性地提出学校特色发展的规划和策略，即学校不是为了特色办学而去研究特色办学，而是要根据自身的发展需要开拓一条属于自己的特色发展之路。

四、科学与人文并举

传统意义上的学校管理遵循严格管理的原则，强调规章制度，只要制定了完整的规范制度，学校管理就可按章操作。这种看似规范的管理最大的缺点就是人性化管理的不到位。而高中生更需要一种有人情味的校园管理。学校应对学生、教师给予人文关怀，从根本上打动学生、团结教师，构建起科学与人文并举、学风校风优良、规范特色的中学校园。

（一）科学管理理论

科学管理理论就是用科学的管理取代传统的经验管理，本质上来说，科学管理更像是一场思想革命。在学校管理中，人们越来越强调从经验型管理走向科学的管理。对于学校而言，学校科学管理就是围绕教师和学生的发展，通过科学的方法，管理好学校教学，理顺学校、教师、学生三者的利益关系，不断提高学校教育质量，提升学校形象。科学的学校管理不应是局限于束缚人的行为，而应着眼于人才资源的充分利用、物力资源的合理配置、运行机制的优质高效。

（二）人文关怀理论

"人文关怀"起源于西方的人文主义传统，核心是对人性和价值的肯定，强调关注人的生存状况，是一种以人为主体和中心的理论。人文关怀注重人的体验与感受，承认并尊重每个人的独特性与差异性，提倡促进人的全面发展。

实际上，学校管理与人文关怀有着密切的关系。有效的学校管理不仅要让学生感受到校园的安全与舒心，还需要用人文关怀去激发学生，使其发挥主体作用，以关心学生、爱护学生为基本出发点，促进学生在德、智、体、美、劳等方面获得全面发展。其中，教师是实施教学活动和管理活动的主体。因此，对于学校管理来说，要全力激发和调动全体教职工的工作热情，大力开展人文关怀活动，让教师在感受到来自学校的温暖与关怀的同时，潜移默化地融入学校管理活动中。

（三）科学管理与人文关怀相结合

科学的管理方法与人文关怀相结合就是以人为本的管理理念。在我国，以人为本既是科学发展观的核心，也是各级各类学校管理的基本思想。在学校管理中，人本管理体现在三个层面，即以教师为本、以学生为本、以学校为本。管理要促进学生、教师和学校的发展，形成学校以育人为本、教师以敬业为乐、学生以成才为志的管理机制。在学校管理中，这个"人"指的是学校的广大师生，甚至包括与学生息息相关的家长。人本管理的理念转变了把人作为完成任务的工具的传统观念，而把人作为核心资源和财富。

在规范化特色高中建设过程中坚持以学生为本的原则，就是要以培养学生为中心，围绕学生健康成长，开展教育教学活动。正如我国教育体制改革所提倡的：教育教学要回归到素质教育的本质上，注重学生基本素质、能力的提升，注重学生的身心健康，不能片面地追求以成绩为中心的应试教育。

第五节　普通高中特色化办学的制度保障策略

制度是学校一切行动的依据，只有制定完善的制度保障，各项工作才能正常展开。一所示范性普通高中要想做好特色办学的工作，就要注重科学规范和刚柔并济的制度建设。

一、规范化的基础管理

学校特色办学工作的开展，需要一个健全和完善的规章制度。一套健全的学校制度的制定并不简单，需要将制度制定的过程规范化。在制定过程中，要坚持符合民主性、科学性和合法性。收集师生、家长、学者等的意见，整理国内外的研究资料，并对学校已有制度进行考量，深入剖析其现实可行性，在继承的基础上实现创新；从当前的校情出发，成立办学制度专门委员会，保障各项制度指向明确、层次分明、外延适切；坚持公平和效率兼顾的原则，在制度制定之后，多次征求各方意见，并对每次的反馈意见进行讨论与甄别，在反复修改中完善学校制度。另外，制度的规范化还体现在制度执行中的规范化。学校在教学科研、师资队伍建设、学生评价、后勤管理等几个维度都应有系统的制度体系，这需要学校成员自觉遵守和维护，力求在教学管理中做到求实创新，在人事管理中做到唯德唯能，在后勤管理中做到尽善尽美，为学校的科学、有序发展提供保障。这种规范化的学校制度是维持学校正常运作的基础保障，是保证学校特色办学工作得以顺利开展的基石。

二、精细化的质量管理

示范性高中的办学都是追求一种高质量、高品味的教育，其特色办学的实践离不开高品质，体现在制度方面，就是精细化的管理。这种精细化的管理需充分调动教育资源、优化教育要素、细化教育过程，高效地推进每一个教育环节。学校特色办学的立足点就是既要满足学生和家长的多种需要以及上级组织和社会各界的不同要求，又要适应市场竞争的特定法则，这就要求学校要采取全面质量管理的策略，多维度地提高教育质量，满足学校发展的需求。学校的管理制度需要无微不至、周密而合理，使学校的各项工作都"有章可循"。

这种精细是全程性的，从起点到终点，任何一个环节都承担着提升质量的重任，因此要"在细字上做文章，在实字上下功夫"，将学校管理制度的责任具体化、明确化，力求达到人人会管理、处处有管理、事事见管理的程度。另外，还要综合考虑和系统整合影响质量的校内外各种因素，系统化地推进质量管理，力求让每一个人都成为质量的代言人，让每一个人都在质量管理中发挥最大的作用。总的来说，就是对学校开展全方位、全程、全员、系统的管理。这种制度的精细化还可以通过小事和小细节体现出来，如灭火器摆放的位置、学生桌椅分梯度设置的高度、档案的整理、库房物品的上架及排列顺序等。学校在设定这些管理细节上是最能够形成本校特色的，简单的一个校园文明礼仪规范就可以体现出学校的办学精神，因此在特色办学的实践中要充分发挥这种精细化质量管理的作用。

三、人文化的制度建设

在特色办学的要求下，学校的管理制度不能以约束人为目的，而应以促进人的发展为目的，这样制度才能更好地激发师生的参与积极性。在制度制定的过程中，要从尊重、信赖、依靠和激励组织成员的角度和原则出发，以激励代替强制性的管理。在这种制度的管理下，学校的制度才能成为一股无形的精神力量。

示范性高中要始终坚持制定制度的目的不是对教师"管、卡、压"，而是为了让教师有章可循。学校要力求达到制度管理的最高境界——"不需要制度的制度管理"，让学校师生形成依照制度行动的习惯，让制度成为师生内化的一种素质，而不是外力的约束，使师生在任何时候都能自然而然地按制度行事。这种制度的建立过程也必须以师生为本。在制度制定过程中，要充分尊重师生的意愿，吸纳师生的意见，积极调动师生的主体参与意识，切实维护师生在制定制度过程中的平等参与权和发言权，让师生感受到自己在学校管理建设中的主人翁地位，这有助于提高师生对制度的认可度，有利于师生在思维、语言和行为上与制度保持一致。学校不能通过使用校规这种"高压"来强制师生服从制度，或者通过不断地强化训练使其养成习惯，而要对师生进行价值认知层面的引导，让师生明白遵守规定的原因以及遵守规定对自身成长的意义，进而从内心认同学校的规章制度，真正认识到自己应该做一个什么样的人、自己的言行举止应该符合什么样的规范。这种内化于师生思想、价值层面的制度建设承载了学校特色文化的制度理念，最终会影响师生的生活，让他们在生活中也能时时刻刻被学校科学合理的特色办学理念所影响，从而受用终身。

第六节　普通高中特色化办学的内容实施策略

一、开展特色教育教研

中小学校在建设过程中开始关注要办出自己的特色，这一观念开始大范围地被认可是由于《国家中长期教育改革和发展规划纲要（2010～2020年）》中着重强调了学校特色办学的重要性。在《国家中长期教育改革和发展规划纲要（2010～2020年）》的要求和倡导下，众多学校都在为寻求自身的特色办学模式而不断地探索，并将特色教育科研作为自身特色办学的动力之源和立足之本。简单来说，这种特色教育科研也是为学校的特色办学服务的。特色学校在其建设和发展过程中，要用科学的教育理念和科学的方法去探究特色化进程中的问题，并为学校的特色办学寻求科学的立足点和创造性教育教学行为所蕴含的规律性概念。

学校的教育实践是学校运行中最重要的一部分，也是学校不可中断的持续性教育行为，是学校特色办学的重点所在。对学校特色教育实践活动的研究就是将研究根植于学校的教育实践，即从实践中发现问题，并找到解决问题的方法，以最终服务于学校的教育实践。学校的特色办学需要有自身的特色办学理念，但是这种办学理念不能只是纸上谈兵，必须是能付诸实践中的具有活性的教育理念。特色教育科研就是要将学校的办法理念转化为具有学校特色的教育实践。学校要巩固自身的特色办学道路，就要坚持特色教育科研，不断探索学校的教育模式。

在实施阶段，特色教育科研和一般的科研活动一样，也有其可遵循的逻辑主线，面对的第一个问题就是"选题"，要清楚要做什么，以及其背后的依据是什么。学校的特色教育科研中应该以哪些问题作为突破口是需要解决的一大难题。学校的特色发展除了立足学校的传统，在传统的理念和实践经验中汲取精华外，还要广泛吸纳外界的优秀经验，借鉴地区、国内甚至是国际上成功特色学校的办学经验，将其中适用于本校发展的内容迁移到本校的特色研究中，并结合学校特色发展不同阶段的特点不断进行调整，为学校的特色教育科研找到合理的问题聚焦点。了解了做什么后，接踵而至的问题就是用什么方法去做，也就是"研究方法"的问题。要为学校的特色教研提供多样化的载体，做到和不同阶段、不同层次的教育科研需要相契合，这样才能赋予特色教研新的生命力和创造力。尤其是针对学校特色发展中的突出问题，不仅要考虑到问题的不同层次，还要考虑到不同研究主体的特点，以便在研究过程中通过不同的特色科研方式解决问题。此外，特色教育科研还存在特色科研团队的建立问题。学校的科研活动要想成功运作和延续，离不开一个科学合理的教研团队。一方面，学校的内部研究者之间要有一个民主平等的合作环境；另一方面，在校外能够和当地高校、行政部门及科研机构等进行高效的沟通和合作。只有这样，才能形成一个校内、校外相结合的科研体系。最后就是要营造一种研究性文化氛围，让教师在文化氛围的影响下形成良好的科研意识，主动参与到学校的特色科研活动中，并且在自身的教学实践中积极地发现问题、解决问题。在这样的研究氛围中，学校教师可以积极主动地提升自己的科研能力，促进学校特色教育科研的顺利开展。

二、发挥学校全体人员的主观能动性

学校的特色办学需要学校师生充分发挥主观能动性，积极地参与到学校特色办学的过程中。这种学校成员的能动性可以使学校内部具备更好的特色办学氛围，并且有助于达成对学校特色发展的共同愿景。

（一）发挥校长的引领作用，树立正确的发展方向

学校的建设离不开校长的引领，尤其是学校的特色办学，需要校长对学校的发展有一个清晰的定位，这样才能少走弯路。校长是学校的负责人，是学校发展的灵魂所在，虽然在管理过程中也有党组织的监督和教职工的民主参与，但是把握学校办学主流的依然是校长。尤其是特色办学，需要校长具备较高的素质，将科学的理念和自身的办学经验相结合，培养一个团结向上的领导班子，从而让学校在正确的特色办学道路上快速前行。

可以说，当今的社会环境和教学环境都要求校长具有很好的创新意识，能够为学校的特色办学贡献自己的力量。教育市场的竞争一直随着社会经济的发展而不断加剧，社会对学校的要求再不是简简单单的"教书"，而是需要充分展现出其"育人"的理念。要想在这样的环境当中具备一定的竞争力，就必须以学校的特色形象为其保驾护航。学校的特色办学已经成为一种主流趋势，这需要校长认真对待特色办学，并努力向这个方向靠拢，即让特色的开发深入学校建设的每个环节中，让师生成为校园特色的重要载体。校长要引领学校特色办学，从学校的长足发展来思考，并坚持从学校的自身条件出发，以学校的文化内涵为核心制定适合本校的特色办学战略计划。

（二）增强师生的品牌形象意识，充分调动其积极性与参与性

在高中特色办学过程中，有一些共性的问题急需解决：如有的师生对学校办学特色的了解不够深入，很难真正将办学理念内化；有的师生对自身在学校特色办学中的个人职责并不清楚；有的学校出现"名师"流失的现象等。这些问题并不能在短期内得到解决，但是有改善的方式，其中一点就是关注学校内部成员之间的沟通和反馈。

合理通畅的沟通机制是科学管理的前提之一。教师和学生对于学校特色

办学的建议需要有多种表达方式：可以通过专题研讨会，让师生共同参与到学校办学计划和内容的制定过程中，从而实时了解师生的需求和期望，及时调整不合理的地方；可以通过意见箱让师生表达自己的主观意愿。这种全员参与的民主管理氛围，能让师生产生归属感，并认识到自身在学校办学特色形成过程中的责任和义务。比如，在"名师"的流失问题上，教师对学校的归属感才是留住教师的关键因素。在学校特色化办学过程中，要以民主化的管理模式为基础，为师生提供自由的发展空间，赋予师生表达自我的权利，使师生充分参与到学校特色办学中。

三、举文化旗帜，凝聚力量

文化是什么？文化无处不在，就在人们的日常生活中，却没有固定的形态；文化就像是人的灵魂，融合在人的一言一行、举手投足之间。一个家庭、一个学校、一个组织乃至一个国家都需要一种文化，从而起到凝心聚力的作用。

师生由于各自需求与利益诉求存在差异，兴趣、爱好、家庭环境不同，因而其认知与价值取向难以一致。在学校管理过程中，需要营造良好的校园文化，为师生的行为选择提供一个关于好与坏、是与非、美与丑、善与恶的标准和尺度，引导广大学生和教师达成共识，这样才能实现增强教师、学生和学校凝聚力的目标。

笔者曾在北流中学担任过校长，在教育教学实践中，努力传承百年北中"诚朴弘毅"的精神，挖掘百年文化元素，致力于教师专业素养的提升，致力于学生综合素质的全面发展，致力于师生认同感、归属感、幸福感的凝聚，引导师生坚守教育的人文情怀、教育理想，引导师生做一个正直、勇于担当的北中人，做一个向善、为善且播种善因的北中人，做一个富有文化底蕴、传递正能量的北中人！

在实践中，笔者坚信"真诚与尊重"可以解决一切困难。通过"学校史，懂校训"树立文化自信；开展"读书是一种生活，读书是北中人的专业行走方式活动"，增强文化自觉；开设"骨干教师大讲坊"进行榜样引领；致力于"精美校园，精致校园，精品校园"建设，让校园文化播散浓郁的本土人文种子，文化塑魂……这一系列活动的开展，使北中人对学校更有期待，并且谦卑有礼，使微笑与爱洋溢于整个校园。

四、科学管理，定规矩，筑教育底线

教育底线是教育进程中的一个基准点，包括两方面内容：一是做人，通过教育使人懂得善待生命、学会生存；二是做最好的自己，通过教育认识自我并让自己发展得更好。人文关怀在学校管理中不仅是一种指导思想，更是一种工作方法。在学校管理过程中，教师要充分发挥人文关怀在各项教学及科研活动中的积极作用，既要具备科学管理的智慧与艺术，又要敢于实践与总结。只有这样，全校师生才能凝聚力量、达成共识，进一步明确工作和学习目标，为构建和谐校园发挥出每一个人的聪明才智，最终为教师成长、学生成才奠定良好的基础。围绕着以学生为本、以教师为本、以学校为本的管理理念，按照素质教育的基本要求，建立科学合理的校规校纪，规范学生、教师的日常行为，在潜移默化中构筑起教育的底线，才可能彰显学校应该具有的教育本色。

（一）注重人文关怀，重视教师的成长

人文关怀精神与学校管理有着密切的联系。学校管理在客观上要面对复杂多变的社会环境，既要兼顾学校本身的建设与发展，又要考虑师生的教学、生活环境。这就要求在学校管理过程中充分尊重每位教师和学生的人格与尊严，掌握师生的愿望与需求，树立以教书育人为中心的管理观念，充分体现人文关怀，以求得教育教学水平的不断提升。在规范化特色高中建设过程中，要坚持以教师为本的原则，这是现代中学管理的核心和基础。抓住这个核心和基础，重视教师自身的成长，打造教学业务过硬的教师队伍，才可能实现学生、教师及学校的全面协调发展。

首先，优化学校环境。干净、优美的校园环境可以让广大师生产生自律、愉悦的感觉。在学校管理过程中，加强校园内生态环境、人文环境的建设，营造适宜学习、交流的自然环境和教学氛围，是打造规范化特色高中的必由之路。在打造规范化特色高中的过程中，优化学校环境可从以下三方面着手：一是美化校园的自然环境。校园是广大学生和教师生活、工作的场所，要营造一个干净整洁、书香盈门、文明儒雅、生机勃勃的自然环境；二是完善教学设施，在科技发展日新月异的今天，教学设施也需要与时俱进，以充分发挥教学设施的作用；三是营造良好的文化氛围，以活动为载体实现学生的自我教育，通过开展唱歌、书法、演讲、读书等活动，丰富学生的文

化生活，激发学生的学习热情。笔者在担任北流市第九中学校长时，第一件事就是改善教师的办公条件和学生的住宿条件，赢得了教师和学生的充分肯定和赞赏，从而提高了教师的工作积极性和学生学习的积极性，赢得了高考的胜利。2017 年，北流市第九中学的高考一本人数位居北流市普通高中的首位，一名学生考上了清华大学，开创了北流市普通高中的先河。

其次，畅通利益诉求渠道，保证利益相关方的参与。在学校管理和打造规范化特色高中的过程中，要想兼顾各方的利益，就必须在制定或执行各项规章制度时，让广大的学生、教师甚至家长等利益相关方积极参与。只有让教师广泛参与或顺利反馈，学校管理才能更具有针对性、实效性。

再次，在学校管理中运用评优评先的激励机制，这既是学校发展的需要，也是教职工全身心投入工作的动力所在。除了要坚持利益驱动原则，发挥物质激励的积极作用外，还必须针对当代教师人心思新、人心思上、人心思进的特点进行评优评先活动，通过评优评先树立教师学习的榜样，激励更多的教师努力。评优评先最重要的就是要严格按预定的程序进行评比，确保评比结果得到广大教师的认可。

最后，搭建教师成长平台。在打造规范化特色高中的过程中，要关注教师的成长，通过教育科研活动、教师培训等形式搭建教师成长平台，充分利用校内外的课题研究活动增强教师的专业水平，为教师自身成长提供机会。教师只有在自身成长中得到激励、找到坐标，才可能燃起自主发展的激情，实现专业成长。

（二）注重人文管理，把阳光送给学生

教育的真谛就是爱。在德育管理实践中，笔者事必躬行，秉持"德育的任务就是把阳光送给学生，塑造美好人格"的理念，坚持"专业、审慎、务实"的原则，为学生健康成长保驾护航。创新德育途径，组建德育办，抓好养成教育；开展寻找"阳光教师，阳光学子"活动；组建"爱心社"；开展"心理健康教育"，办好"家长学校"……以文化的滋养、传统的熏染、尊重学生的自主发展为载体，着力培养"情感积极、品德良好、人格健康"的阳光学子，从而塑造理想人格。

第七节　普通高中特色化校园文化建设

学校文化是学校特色办学的重要组成部分，虽然文化并不能通过量化的标准来呈现，但是展现学校特色办学理念是否成功内化于学校全体成员观念中的标准之一。学校要提高竞争力，也需要特色学校文化为学校打出第一张形象牌。可以说，不同的学校都有其独特的文化，而这种文化是内化在全体师生的观念中的，得到师生共同认可的价值观念。校长要在结合本校历史的基础上，厘清学校发展的脉络，在感悟学校师生认可和遵循的价值观念和生活哲学的同时，找寻学校未来发展的轨迹，创建有本校特色的校园文化。校园文化在学校特色办学的过程中承担着很重要的角色，它的形成是多方面因素共同作用的结果。在研究特色校园文化建设中，本书主要从物质、制度和精神这三个层次来对其进行分析和了解。

一、丰富校园的物质文化环境

学校的物质文化环境是开展所有教育活动的物质基础。学校的物质文化虽然是静态的，但却能够彰显学校的特色。学校可以根据自己的办学特色，对校园的环境建设进行细致的规划，构建适合本校的具有特色的空间。每所学校的地理环境都不同，学校的建筑、基础设施也不同，这些都有利于学校展现自身特色。

二、加强校园制度文化建设

俗话说："无规矩不成方圆。"校园的文化建设也是这样，需要校园的制度文化建设为其保驾护航。制度文化的不合理很容易导致学校出现骨干教师外流、教师工资分配不合理等一系列问题。有人说，学校制度文化"是学校中的传统、仪式、规章、制度，以及它们所体现的价值观念、心理态势等文化因素。前者是表层的显见部分，后者是其深层的隐含部分"❶。也有观点认为，学校制度文化是整个学校文化中的纽带，是学校物质文化和精神文化的契合点，制度文化的建立对学校整体特色文化的形成起着重要作用。在追求校园制度文化的独特性方面，就是考虑到学校的制度除了国家及各层教育机

❶ 秋实.学校制度文化建设 [J].教育导刊，1991（10）：41-43.

构制定的各种规章制度外，还包括学校结合自身情况制定的相关规定，具有浓厚的校本色彩。在这个层面能充分体现出不同学校的特色管理理念与方式，以及独特的制度结构。将学校制度与文化结合在一起，使师生为学校的进步而出谋划策，在这种制度文化下，学校的管理者反而能够更加"超脱"，有更多的精力去思考宏观的问题。

三、构建特色的校园精神文化

怎么才算是优秀的学校，大概每个人都有不同的答案，但是每种回答都离不开对学校精神文化的评价。我们时常说某某学生的作风，一看就是某学校出来的学生，这种个人的风格彰显了学校的风格。可见，认识一个学生，区分每一所学校，就要深究到学校的特色精神文化层面。有人讲，一个无任何特殊的教师，他教育的学生是不会有任何特殊性的。其实，可以扩大一下这个概念，一所没有特色的学校是无法培养出有特色的教师的，更没有办法培养出有特色的学生。这种有特色的教师和学生就是学校精神文化的载体，学校的特色办学成功与否就在于是否有具有学校特色的教师和学生，他们又是否将学校的特色办学理念内化在自身观念中，从而使本校形成统一、向上的校园精神文化。

学校特色校园精神文化的建立是通过让学校师生达成观念上的共识，向着同样的目标奋斗。在这个过程中，学校师生要充分发挥自身的主观能动性，提升自己的能力，促进学校可持续发展。

学校特色办学最初的目的和最后评判的标准都可以在学校的精神文化建设中体现出来。为了让全校师生有一个全面、自主的发展空间，学校提倡特色办学，更好地为师生服务。学校特色办学究竟是不是足够成功，需要从学校的精神文化层面来判断，看全校师生能否将学校的特色办学理念内化于自己思想中，并外化成为自觉的行为。

第六章 不同特色类型的普通高中建设策略

第一节 科技型普通高中建设策略

一、构建学校科技教育课程体系

科技特色普通高中的创建与发展必定有一套完整的课程体系。在学校，课程是有目的、有计划地对学生施加影响的活动，课程具有唤醒心灵、丰富知识、激活能力和塑造品行的功能。科技特色普通高中的课程一般包括国家课程、专门创新课程、研究型课程和微型课程。

（一）开齐开足国家课程

按照普通高中课程要求，国家课程要开齐开足，要尊重学生差异，关注细节，加强反思，深化科研。从科技特色普通高中建设出发，进行国家课程校本化的实施，既保证了国家课程标准的有效实施，又培养了学生的思维品质与学习品质。

（二）积极开发专门创新课程

着眼于学生创新潜能的激发和创造能力的培养，学校积极开发专门创新课程。这类课程主要以校本课程为主，如学校编写的物理、化学、生物等学科的实验读本等，有利于学生创新思维的开发。

（三）多形式开足研究型课程

研究型课程主要有专题研究、科学探究课、探究性选修课、科学研究实验室四种形式。比如，围绕物理、化学、生物、地理等学科进行的科学探究、实验等，这些课程既可以开拓学生的视野、提升学生的综合素养，又能激发学生的兴趣、挖掘学生的潜能。

（四）开设微型课程

微型课程以专题讲座为主，为学生创造与成功人士零距离接触的机会，不仅能让他们与成功校友对话，还可以把科学家请进学校，让学生直接与科学家见面，从科学家那里了解到他们刻苦努力、逐步成长的过程，领略科学家的学术魅力和人格魅力。

（五）实行课堂教学改革

课堂是科技教育的载体，要想实现学生学习的可延续性、思维的可扩展性，培养学生的科学精神，课堂教学必须实现由知识到能力的转变、由了解到应用的转变、由灌输到体验的转变、由被动到主动的转变、由有限到无限的转变。因此，课堂教学的改革应围绕"思"和"问"。通过自问，引起思考；通过互问，明确思路；通过追问，深化思维；通过切问，形成思想。同时，在教学中，遵循差异性教学原则，根据不同层次的学生，设置不同层次的课程，或者在同一领域、模块课程科目中，针对学生的差异，设计不同层次的教学内容与要求，这样有利于创新人才脱颖而出。

（六）为有专长的学生开设"特需"课程

开发特色课程是学生个性发展的需要。学校课程的价值在于为每个学生提供有助于个性解放和个性成长的经历和经验，调动学生内在的学习动机，使学生的个性得到发展。由于每个学生的素质和个性存在差异，学校应为有专长的学生提供符合个人需要的"特需"课程。"特需"课程是学生发展的外延，给学生预留了更多的发现潜质和培养潜质，能够满足不同潜质学生的个性发展需要。

二、构建科技特色普通学校文化

学校文化是指一所学校在长期教育实践过程中积淀和创造出来的，并为全校师生认同和遵循的价值观念体系、行为规范准则及物化环境风貌的整合与结晶。科技特色普通高中的学校文化应体现在理念、精神、制度、行为、环境等方面，学校应有目的、有计划地从办学理念出发，制定规章制度，美化校园环境，开展科技活动，构建学校文化，为师生提供充分接触科技活动的机会，提供发展创造的平台，努力促进学生科学素养的提高。比如，在走廊张贴科学家的照片和名言，在大厅张贴学生参加科技活动和取得科技成果的图片，在校园设置反映科技精神的雕塑；设立图书角，摆放科普知识图书；在课间，通过广播播放一些有关科普知识的小故事；组织学生观看有关科普知识的电影；等等。

三、积极开展科技教育活动

科技活动是进行科技教育的一种有效形式，没有教材的限制，没有考试的硬性标准，学生在科技活动中有巨大的自由活动空间，可以根据自己的爱好参加活动，更好地展示个性，培养学习能力。

（一）组织丰富多彩的日常科技活动

课外科技活动和课题教学有十分紧密的关系，在课外科技活动中，学生通过紧密结合课堂所学的知识进行实践，加深了对知识的理解，做到了活学活用。这类活动直接由教师指导，学生单独进行或临时组合，活动形式方便灵活。课外科技活动主要包括以下几种类型。

1.普及科技制作型

学校可以筛选一些趣味性强、选材容易、制作简单的项目介绍给学生，由他们根据爱好和条件自行选择。这些科技小制作一般都是动手动脑、易于模仿、普及性强的传统项目，主要有显微镜、走马灯和孔明灯、风筝、航模、海模和车模及动植物标本等。

2.文娱表演型

学校可以每年利用元旦的文艺会演，由学生自编自演科技相声，讲科学家故事，表演物理、化学魔术，利用科技游园活动做趣味科学实验，猜科技灯谜，寓教于乐，动手动脑。

3.评比竞赛型

学校可以每年举办科技小制作、小发明评比展览，评选科技作品一、二、三等奖以及团体优胜奖。平时还可以不定期举办单项竞赛，如风筝的制作放飞比赛、车模比赛、地图拼图比赛、环境知识抢答比赛、智力竞赛等。

4.科普宣传型

可以由学生撰稿、编辑科普宣传板报、报纸等，内容以普及科学知识为主，报告世界最新科技成果，介绍科学常识、科技趣闻以及科学知识活动情况等。

5.探索研究型

可以开展以小设想、小发明和小课题为主的探索性活动，模拟科学研究过程，从选题到设计实验、采集数据、分析数据、得出结论、验证结论等都要求学生亲自去探索、研究、实验、检验。

6.新兴科技型

要想让学生触及最新的现代科学技术脉搏、呼吸现代科学技术的新鲜空气，学校必须利用一切资源，把一些最新的科学技术呈现在学生面前，让学生紧跟世界科学发展的脚步。比如，参观大学实验室，设计、制作机器人，观察植物克隆实验、激光实验、磁悬浮实验，了解纳米技术，等等。

（二）组织别开生面的"科技主题文化节"

除了平时的这些活动外，学校还可以每年利用一个集中的时间，开展全校性的"科技主题文化节"活动，广泛发动教师和学生参与，以保证科技活动的参与率与普及率，提高学生学科学、爱科学、用科学的积极性。

1.科学家故事会

要求每个学生熟悉一个科学家的故事，在班级组织的演讲比赛中讲述，优胜者参加全年级的比赛，进而到全校参加比赛。

2.举办"六个一"活动

"六个一"活动是指学生搞一个科技小发明，读一本科技类书籍，写一篇科技小论文，做一次科普调查，讲一次科幻故事，拟定一个科技小设想。

3.科技讲座

配合"六个一"活动，在科技节活动期间，分别举办小论文写作和小发明制作等讲座，鼓励学生动手写作、制作。

4.举办科技竞赛

以班级为单位，举办科技竞赛，如趣味数学竞赛、物理实验设计和实验操作比赛、化学实验设计和实验操作比赛、显微镜操作和动物解剖实验比赛、地理拼图和地理知识抢答比赛、环境知识比赛、计算机程序设计比赛、网页制作比赛、科技英语阅读和英语科普演讲比赛等。

5.无线电测向比赛

组织全校性的无线电测向比赛，按照全国比赛的规则进行，通过竞赛，选拔队员，然后参加全国比赛。

6.头脑运动会

头脑运动会是适合几百名学生同时进行的大型团队智力竞赛活动。题目分长期题和即兴题。长期题应提前两周发给学生，以便其进行设计，在规定时间进行比赛；即兴题新颖有趣，要求学生充分发挥想象力和创造力，比赛时即兴发挥。

7.科技游园活动

在实验室，由教师带领学生准备一些有趣的物理、化学实验，进行科学魔术表演，如人工喷泉、秘密书信等魔术。

（三）积极组建学生科技社团

对学生进行科技教育，学生社团是一种不可或缺的基础力量。学生社团在学校的组织下，有序、联合组织活动。每次活动从主题设计到组织活动安排都由学生设计、组织、主持，可以极大地调动学生学习科普知识和实际动手操作的热情，有利于学校的科技教育从课内延伸到课外，扩大学校科技教育的时间和空间。

四、建设科技教育实践基地

科技特色普通高中建设不仅需要学校硬件设施的支持，还需要拓展学校的实践基地。场馆、设备、设施等是特色办学的物质保障，要充分利用校内外的科技资源，推动学校特色发展。一方面，加大投入，保证学校的硬件设施完善、功能齐备，硬件设施包括开展科技教育的通用教室、机器人教室、各学科实验室、地理园、生物园、科技多媒体教室等活动场所，设计制作航模、机器人、无线电测向的各种器材设施，以及学校各学科教学需要的科技教育资源库等；另一方面，应积极开发社会资源，实现科技资源从"学校培养"到"社会支持"的转变，探索开放办学、科教携手、合作育人的有效途径，开展与科技企业、高校和科研院所、社区、友好学校等方面的合作，让这些校外资源成为学校科技教育的实践基地。

五、探索科技创新人才培养模式

人的个性是有差异的，对于拥有独特个性和优势潜能的学生，应进行特殊的培养，许多学校成立了科技创新实验班，开设了特需课程，使这些有潜能的学生得到尊重、保护与帮助，为他们未来高等教育阶段的学习打下良好的基础。

六、组织科技教育课题研究和国际学术交流

科技特色普通高中建设是一项系统工程，需要以科学的理论为指导，以科研课题为抓手，立足学校实际，研究建设科技特色普通高中，这既能调动教师参与科研的积极性，又能用研究成果推进学校科技特色的发展。同时，加强国际交流合作，开阔学生视野，以实现学生在国际前沿、国际视野、学术素养等方面的卓越发展。

七、改革教师队伍建设和管理体系

（一）加强队伍建设，充分挖掘教师科技潜能

教师是科技特色普通高中建设的关键。教师只有把学校的办学理念和办学特色内化成自觉的行动，并持之以恒地加以落实，才能彰显学校的特色。学校要鼓励教师积极参加科技活动，参与课题研究，树立学术意识、问题意识和自主意识，让教育蕴含学术，让问题成为发展和创新的突破口。

1.提高教师的科技素养

提高教师的科技素养，即培养教师科学的态度和科学研究的精神，丰富教师的科学技术知识，提升他们的实践创新能力。

2.充分挖掘教师的科技潜能

落实科技教育行动，教师要成为学生学科学、爱科学、用科学的启蒙者、解惑者和引导者，这就要求学校在教师研修特别是特色教师培养上进一步加大力度，充实科技教师队伍，培养更多的领军人物，在借助外部资源的同时，在教师科技潜能的挖掘上多下功夫。

3.强化科技辅导员队伍培训

要想丰富学校科技教育的内涵，不仅要有一批热爱科学的学生，还要有一批素质高、热爱科学的辅导员，依靠辅导员队伍，充分发挥他们开展科学文化教育的积极性，确保科技教育高质量地开展。具体来说，要加强与科技部门、高等院校、科研院所等方面的联系与沟通，取得他们的支持和帮助，通过召开座谈会、研讨会、培训会、报告会等多种形式，培训学校科技辅导员、班主任和学科教师，不断提高科技辅导员的业务水平。

（二）完善保障机制，促进科技教育健康发展

学校的科技教育工作要想顺利进行，就必须建立、完善与科技特色普通学校建设相匹配的保障机制。学校要成立科技教育领导小组，负责科技教育活动的组织、计划、安排和协调工作，统管学校的各项科技教育工作和活动，并做到"三到位"，即领导到位、议事到位、经费到位。学校要制定科技教育学分制，要规定每个学生在高中三年期间科技教育必须完成的学分，如规定每个学生参加一个科技活动小组或综合实践活动应得的学分，参加科技小制作、小论文比赛应得的学分（获奖另加不等的学分），参加校本课程或研究型课程学习应得的学分，以及建立学分修习状况等相关的保障措施，使科技教育健康发展。

第二节　外语型普通高中建设策略

一、构建学校特色外语课程体系

特色课程是特色普通高中发展的载体，集中体现了特色普通高中的办学特色。外语特色普通高中课程体系的构建应突出外语特点，主要包括以下几个方面：

（一）根据社会需求制定课程标准

外语特色普通高中不同于一般的普通高中，其是培养外语人才的专门学校，目标是培养具有良好的听、说、读、写、译能力，高素质的外语特色人才。要实现这个教学目标，外语特色普通高中应设立不同于普通高中课程的目标、教材和教法，制定适合本校的外语课程标准。

（二）根据学生需要补充教材

外语特色普通高中的培养目标是培养具有较强听、说、读、写、译技能的复合型外语人才，同时学生应具有较好的意志品质、艺术鉴赏力和思维能力。为了实现这个目标，在外语教材的使用上，学校应坚持"一纲多本"，主辅教材结合使用，即以国家规划的教材为主，以能体现国际外语教学趋势的教材、体现学校外语教学理念的教材为辅。

（三）构建特色课程体系

在学校特色课程体系构建中，校本课程的开发起了重要作用。校本课程是基于学校特色发展和学生个体发展的需要，以学校自身的性质、条件、资源为依据，开发既符合教学规律又适应学校发展的课程。校本课程是学校课程体系的重要组成部分，与学校的特色教学相辅相成。因此，外语特色高中要围绕学校外语特色教育构建必修课程、选修课程、拓展性课程以及与之相适应的校本课程体系，充分满足学生个性、兴趣和特长发展的需要。

（四）运用科学、有效的教学方法

语言的教学需要设置情境。在外语课堂教学中，应重兴趣、成就感、信心的培养；在教学设计中，应注重语言环境创设、注重提高语言运用的频率；在学习过程中，应重体验、重实践、重参与、重创造；在语言训练中，应重语感、重语音语调基础、重交流能力；在评价效果时，应重态度、重参与度、重努力程度、重运用能力。外语教学应体现语言教学的真实性、启发性、文化性和思想性。真实性是指教学贴近学生的生活、贴近实际、贴近社会，给抽象的语法规则和句型注入生命力，赋予课堂实践活动以浓厚的生活气息和强烈的时代感；启发性是指教学注重培养学生的思维能力，拓展学生的思路，形成学生心理活动中的认知冲突，使学生在创设的情境中将个人的经历、体验、认知、生活通过交流表达出来；文化性是指通过对中外文化的比较，使学生更深刻地感受到多元文化的精髓，开阔视野，提高对中外文化差异的认识，增强对文化的鉴别能力和语言交际能力；思想性是指在外语教学中，着重将学生学习语言、掌握知识、提高能力的过程转化为学生学习事物、认知社会、陶冶情操、磨砺意志、树立正确人生观、提高个人修养的过程，为学生成长打好精神底色。

二、开展外语特色活动，提高学生的语言运用能力

特色活动是外语课堂教学的重要补充形式，也是提高学生语言运用能力的重要途径之一。学校开展外语特色活动要注意"四个结合"，即课内外结合、书内外结合、校内外结合、海内外结合，要从特色活动所要实现的目标、选取的形式、呈现的效果、采用的指导方法及具体的范例等方面出发，为学生搭建展示特长、施展才华的舞台，为学生构建外语学习的校园环境，实现外语教学的有效延伸。

外语特色活动以外国文学欣赏和外国影视作品欣赏为主要内容。通过欣赏外国文学作品、外国影视作品，学生可以在学习外语的同时深入了解外国文化。例如，可以举办"外语文化周"、经典名剧原声模仿秀、外语演讲比赛、辩论会、英语歌曲大赛、英文故事大赛等活动，让学生在这些丰富多彩的实践活动中学习、理解、运用外国文化，提高外语能力；可以通过夏（冬）令营、外国姊妹学校之间短期游学等，让学生与外国学生进行文化交流活动，或者接受外国学生来本校学习，让他们和本校学生共同学习与生活，使学生在世界文明的融合与碰撞中开阔视野，尊重、理解文化的差异，提高国际理解力，健康快乐地成长。

三、构建多元的语言能力评估体系，提升学生的外语综合素养

长期以来，学生、家长、教师习惯了用分数来评价孩子的学习情况，而外语特色学校学生的外语综合素养表现在多个方面，仅用分数这种定量评价很难准确地反映学生的真实水平，很难激发学生的积极性。外语特色学校应在评价手段、方式、内容等方面进行大胆改革，构建多元的语言能力评估体系。可以采用"全面考查、分类考查、阶段侧重"的终结性测试体系，测试内容应体现学生的多方面能力，如听力、口语、模仿能力等。评价结果应以定性和定量相结合的方式来呈现，并应采用鼓励性语言，发挥评价的激励作用，让学生体会到只要自己付出了努力就能获得公正的、客观的评价。此外，评价要关注学生的个性差异，保护学生的自尊心和自信心。评价的方式有自评和互评，并倡导建立教师、学生、家长共同参与的，体现多渠道信息反馈的评价制度。

四、培养外语特长教师，形成特色建设团队

特色学校建设的主体是多元的，包括校长、教师、学生、职工及间接参与学校建设的专家、家长、社区人员等，他们各自发挥着重要的作用，并承担着相应的责任。其中，培养外语特色教师，形成特色建设团队是最关键的因素。教师要不断更新外语教学理念，明确学校的外语办学思路和思想，不断提高自身能力，通过外语课堂改革，培养学生的综合语言运用能力，促进学生的全面发展。

（一）激发教师的内驱力，帮助教师树立自主研修的意识

自主研修是每位教师的责任和义务，学校可以结合教师的实际情况，分析教师的学习需求，并根据教师的年龄、教学情况，分别建立岗位培训班、青年教师提高班、骨干教师班，建立不同层次的学习制度和培训制度，这样就能满足不同层次教师的学习需要，使每个教师在自己原有的基础上有新的发展，有利于教师学习自觉性的养成。此外，还要建立自学与研讨结合的集体学习制度，开展互助研讨活动，营造良好的集体学习氛围。

（二）为教师提供实践平台，促进教师专业发展

教师成长的关键一点就是要在实践中发现问题、分析问题、解决问题，从而积累教育智慧，提高专业水平。

1. 实施教学问题积累制度

教师要分析教材、教法与学法，定期提出一个感到困惑且具有研究价值的问题，并及时记录下来，这样，经过不断的问题积累，就形成了问题意识。在此基础上，学校要定期组织教师交流、合作以解决问题。

2. 以课题为抓手，激励教师研究实际问题

对教师提出的教学改革设想、教学问题，以课题形式进行各个级别的科研立项，组建课题组，协同作战，共同攻关研究，以解决问题。

3. 组织丰富多彩的活动，展示教师的学习、研究成果

教师不仅希望通过学习来丰富头脑，还渴望获得展现自我的机会，获得学校和同行的认同，实现自我价值。可以组织教师开展教案设计比赛、课件创新比赛、试卷设计比赛、板书比赛、课堂教学基本功大赛等；可以在学校

网页开辟专门的区域，把优秀课例视频放在网上，开展网上讨论；可以利用暑假时间集中骨干教师远离学校、远离市区进行全封闭培训，安排教师有计划地观摩优秀课。这些活动激发了教师学习的热情，创造了教师工作良性循环的氛围，促使教师努力工作、和谐发展，而教师良好的心态必然会带动学生的发展，使学校形成积极向上的特色风貌。

（三）建立引进、培养机制，发展教师外语特长

外语特色普通高中要根据学校的外语特色，有计划、有步骤地引进高素质外语教师，特别是小语种教师。同时，要注重教师外语专长的强化与培养，为学校的外语教学储备力量。

1.建立与外籍教师和高校交流、研讨的平台

针对文献上查不到或者在不同文献上有矛盾的语言知识、文化现象等，学校可以定期组织教师与外教、高校的专家进行面对面交流、辩论，这既可以提升教师的语言能力，又能够解决许多教学中存在的实际问题。

2.组织教师参加高水平学术会议

鼓励并组织教师参加高水平学术会议，以开阔教师的视野、丰富教师的学术底蕴。

3.定期组织教师到国外进行游学

选派教师到国外进行访学、培训。访学期间，教师可以与学生一起住在当地家庭，加深对英语文化的理解，还可以与当地学校交流，搜集学习资源，了解这些学校外语教学的方法与模式。

五、开阔学生的国际视野，使外语教学与国际接轨

在全球一体化的今天，经济全球化给世界带来的不仅是物质的"大流通"，还是文化的"大融合"，教育的国际化成为当今教育发展的潮流。外语特色普通高中应通过教育的国际化，把国际素养纳入学生发展的目标体系，以丰富外语特色内涵，拓展发展的空间，形成外语学校的品牌优势。

（一）学校要与国外学校建立交流合作的关系

学校要有多元、灵活的全方位教育资源意识与资源整合能力。学校可

以通过与国外学校的合作办学、文化交流、课程移植和智力引进等形式，提高自己的国际化程度，凸显办学特色。学校还可以与国外学校建立合作关系，为学生开辟留学绿色通道，通过举办外语夏令营等活动，促进本校学生与国外学生的交流，培养学生良好的外语交际能力、跨文化意识和宽阔的国际视野。

（二）走教育国际化发展的办学之路，培养具有国际视野的人才

教育国际化的最终目的是培养具有国际意识、国际交往能力、国际竞争能力的人才。外语特色高中人才培养的目标是使学生能够立足本土，放眼世界，具有国际视野与国际理解力。走国际化办学之路是外语特色普通高中发展的趋势。国际化包括"进"和"出"两个渠道。一方面，要立足校情，结合实际，为高中生提供富有特色的国际教育；另一方面，要创造条件吸引国外学生到学校学习，为外国学生提供所需的语言学习环境，以促进教育国际化发展。教育国际化不仅需要输入，还需要输出，要变单方的交流为双向的输入输出，以增加相互的了解。

第三节　美术型普通高中建设策略

创建美术特色普通高中应从学校的实际出发，在办学过程中充分挖掘并发挥学校的办学优势，形成特色。只有这样，特色建设才能取得真正的成功。具体建设策略有以下几点。

一、注重教师综合业务能力的培养

教师是推进教育发展的原动力。美术特色普通高中的建设对教师的综合业务能力提出了更高的要求，即不仅要加强文化课教师的美术修养，还要加强美术教师的专业培训，提升他们的专业素养和专业技能，特别是专业课程教学的综合能力。

二、注重构建学校美术课程体系

课程是学校特色建设的主要载体。以特色课程建设为抓手是实现学校特色发展的一条有效途径。美术特色普通高中的课程体系应集必修课、选修

课、校本课程于一体，为学生提供丰富多彩的课程，如素描、泥塑、书法、手工艺等，尊重学生个性，让学生自主选择课程。

（一）建立面向全体学生普及美术教育课程

美术特色普通高中应面向全体学生普及美术教育课程，让所有学生接受美的熏陶。普及类美术教育课程体系主要有三类：第一类是国家课程中的美术必修和选修课程；第二类是校本课程中的美术教育类课程；第三类是凸显美育功能的其他学科课程。

1. 开齐开足美术必修课程

除国家规定课程外，学校还应根据本校师资特长，来确定本校的美术必修课程，这类课程不但保证师资和课时，而且学生必须修习。

2. 开发有特色的校本课程

学校可以组织教师开发有特色的校本课程，丰富学生对美术的感知和体验。

3. 开发其他学科课程的美育功能

各学科课程中都蕴含着美，学校应组织各学科教师挖掘本学科课程中蕴含的美，并有意识地进行设计和引导，让学生认识语文课程中的文字美、意境美、布局谋篇的结构美，数理化课程中的图形美、对称美和逻辑美，体育课程中的动作美，等等。这样就可以建立各学科美育课程体系。

（二）建立美术教育活动课程体系

美术教育活动课程体系包括学生社团活动、品牌文化活动、综合实践活动等，通过开展多姿多彩的各种类型活动课程，让学生在活动中加深对美的理解和感知。

（三）搭建美术特长学生个性发展的平台

对于有美术潜质和特长的学生，学校要进行针对性的教学与辅导，成立特长班，选派优秀的教师进行专门教学，增加美术课时，最大限度地发展他们的美术天赋，为他们实现专业的突破提供最好的指导和最有利的条件。

三、注重营造美术校园文化氛围

校园文化建设是指创建一种适应育人的环境，以物质为载体，以制度为保障，以行为为形式，形成良好的行为习惯、工作作风、精神特征及相对稳定的学校氛围。马克思曾说："人创造环境，同样环境也创造人。"好的校园环境文化会使人的精神愉快，具有催人奋发向上、积极进取、开拓创新的教育力量。它会感染学生的思想观念、道德行为，潜移默化地影响学生的发展，这是任何教科书都无法取代的。学校可以组织全校师生开展共同美化设计、布置建设校园环境活动，展示师生文化艺术作品与成果，让校园充满文化艺术气息，让每面墙、每寸土都给学生以美的启迪，引领学生在美的世界里畅游。尤其是学校的美术教学区要具有一种潜在的教育力，不仅要把学生带入高雅、和谐、温馨的美术艺术殿堂，还要使学生感受到学校的校风、学风和精神。

四、注重打造"以美促智"的高效课堂

美术教育的任务是帮助学生打开美的世界的大门，让学生对各具形态的美有所感知、感受、感悟直至进行美的创造。因此，要利用课堂教学这个主渠道和课堂这块主阵地，推进课堂教学改革"以美促智"，打造高效的课堂，延伸美术教育的外延，把美术教育渗透和延伸到其他学科，提高学生的综合素养，扩大美术教育的空间，让课堂教学的过程变成学生自主学习的过程，使学生真正发挥主体作用，不断地提升学生的自学能力、实践能力、创新能力和人文素质，使课堂教学充分体现"发现人的价值，发掘人的潜能，发展人的个性，发挥人的力量"这一教育理念。

（一）创新美术教学方法，构建主体性美术课堂模式

要想提高美术课堂教学效率，推进美术课堂教学改革，应改进教学方法，紧紧抓住课堂教学的五个环节，构建主体性课堂教学模式：第一步，创设情境，激发兴趣；第二步，自主探究，自求得之；第三步，师生互动，强化互动式教学；第四步，实践演练，激发创造潜能；第五步，评价总结。各个环节形成一个前后联系、灵活运用的有机整体。主体性课堂教学模式的核心是将课堂教学的过程变成学生自主学习的过程，让学生尽量动脑思考、动手操作、动口表达，使学生真正发挥主体作用，不断提升自身素质。

（二）各学科形成美术教育合力，扩大美术教育空间

学校美术教育要形成合力，就要和其他学科联系起来，美术教育不仅在

美术课堂实施，还要渗透到各个学科和学校教育的各个方面，从而扩大美术教育的空间。要实现各学科紧密联合、相互启迪、协同作战的美术教育，应动员所有教师，更新教师观念，树立新的课程观、教学观、教师观、学生观，实现从单一艺术类教师践行"美育"到教师全员践行"美术素质教育"的教育理念，共同完成学生审美素质的培养。

（三）采取"四结合"，实施立体化美术教育

学校美术特色教育是多方位、多维度的，可以采取课堂内容训练与课外延伸练习相结合、教师示范指导与学生自主学习探究相结合、室内写生与野外写生相结合、基础知识技能的提高与个性化专业拓展相结合的形式，对学生实施立体化、多维度的教育，使美术教学的内容得到充分延伸和拓展，从而使学生从美术学习的单一绘画中走出来，探索更多、更广、更丰富的美术材料及美术表现形式，创作出有时代气息的美术作品。为此，美术教学要走出课堂、走出校园，定期组织学生进行校外风景写生，参与社会艺术实践。同时，充分利用美术写生基地、美术展览馆、博物馆等资源，增加学生的美术感知与体验，尝试举办各种展览、讲座、美术竞赛和艺术夏令营等活动，让学生在参与的过程中提高自己的综合艺术素养和能力。

五、注重健全完善学校管理机制

制度是学校特色建设有序运行的保障。学校应成立特色建设工作领导小组，从组织上保障建设工作的顺利进行；学校应制定完整的为美术教育特色建设服务的发展规划、规章制度，使学校的特色管理与学校的特色目标、办学思路相匹配，保证学校特色教育不断推进；学校应建立比较科学的管理考核机制，发挥评价促进教师进步的作用；学校应建立科学民主的量化考核机制，激发教师的潜能，促进教师的成长，调动教师的工作积极性。

同时，学校应建立科学的学生学业水平评价标准。评价标准应以表现性评价为主，激发学生学习的热情，关注学生美术专业学习过程中的表现。例如，利用学生的作业讲评和作品展览来激发学生的美术创作热情，在作业讲评和作品展览中可以发现学生的闪光点和不足，使学生能够充分发表自己的见解，从而增强学习信心，更好地投入美术学习中。

第四节　体育型普通高中建设策略

体育教学、体育特长培养和体育活动的开展与文化课程的学习是相互补充、相互促进的关系。通过体育教育和体育活动的开展，可以促进学生思维的发展、学习的进步，锻炼学生的意志品质，促进学生身心健康的发展。同时，学生健康的体魄、坚强的意志品质又是学生文化课学习的基础和保障。因此，推进体育特色普通高中建设具有重要的意义。

一、建立体育教育制度，健全管理机制

为确保体育教育和学生体育活动规范有序开展，应健全体育特色发展的管理机制和规章制度。

（一）成立体育教育指导小组

体育特色教育工作由学校领导直接指挥，体育教师具体负责学生的体育必修课程和选修课程等特色教育、各类体育课外活动的技能训练及指导、裁判工作。

（二）建立和完善相关规章制度

制定和完善各种体育规章制度，如体育教师的聘任、考核、评比制度，体育课程的开发、实施制度，学生日常的训练考核制度，特长生的选拔、招生与管理制度，学生的竞赛管理制度等，并合理组织安排各种体育活动，如全体学生的体育课堂教学，体育特长生的课余训练，学生的体育竞赛、体育活动等，以保证学校体育文化活动健康持久地开展。

（三）加强体育特长生生源基地建设

对于体育特色普通高中而言，想要获得更好的发展，其生源基地的建设至关重要。体育特色普通高中要把具有同样优势项目的初中、小学确定为输入基地，严把选拔质量关。同时，各级教育行政部门应在招生政策方面给予倾斜，给予体育特色学校招收特长生的特招权力，单列特长生文化课成绩，保障特色学校的生源。另外，体育特色普通高中还要与招收特色学校优势项

目运动员的高校合作，与高校进行先期洽谈，确定特长生的技能水平标准，并请高校教师到学校兼职任教，按照高校的招生标准共同培养特长生，把好学校培养质量关。

（四）创新体育特长生培养机制

体育特色普通高中培养的一部分学生是某体育项目的特殊人才，特殊人才需要先天的素质及后天系统的培养，因此应创新体育特长生的培养机制，建立特殊人才的连续培养模式。

二、优化体育课程结构，建设课程体系

特色普通高中的育人目标就是要在德、智、体、美等各方面素质合格的基础上培养有个性的学生。国家整齐划一的课程体系难以更多地关注学生的个性特征，这就需要特色普通高中结合学生的实际情况，依托丰富多样的校本课程资源，自主开发多样化的特色课程，形成具有本校特色的课程体系，从而更好地为培养学生的兴趣、爱好和能力服务。

体育特色普通高中在设计、开发学校体育特色课程时，应把学校现有的体育优势项目与学生的生理、心理特点有机结合，以激发学生的运动兴趣，保证学生的锻炼时间，使学生增强健康观念，形成锻炼习惯。

（一）研制、编写体育校本课程教材

学校要整合校内外课程资源及学校的优势项目，组织体育教师有计划地研制、开发校本课程。教师在开发校本教材的过程中应本着大教材观，结合自身特长，挖掘一切校内外的课程资源，开阔视野，创新思维，尝试新型的体育教学管理模式，丰富体育校本教材。

（二）改进体育教学方法，培养有个性、有特长的学生

传统体育教学以跑、跳、掷等内容为主，十分机械、枯燥，学生没有兴趣，不愿意主动参与，积极性不高，体育锻炼效果不明显。想要改变这一现状，体育特色普通高中必须在体育教学方法上下功夫，改变教学方法，以游戏、比赛等方式为主，增强体育课的趣味性，激发学生对运动的热爱，培养学生终身体育的意识和习惯。

（三）以主题活动为载体，以社团为依托，抓好活动课程

活动课程是学校课程体系的重要组成部分，一般是指学校围绕特色建设，有目的、有计划地组织学生开展的特色活动。活动课程可以提高学生参与的积极性，扩展学生的经验，有效地补充学校课程，促进学生个性的发展。鉴于此，学校应策划不同的主题，以社团为依托，开展丰富多彩的活动。为在活动中一展风采，学生在平时会积极参与练习，从而有效地促进体育课的开展，提高活动课程的水平和质量。

三、建设特色教师队伍，实现一专多能

学生发展，教师为本，创办体育特色普通高中，必定要有一支数量适当、结构优化、富有活力的高素质、专业化的体育教师队伍。

（一）通过"分层培养"和"分步实施"提高体育教师素质

学校应充分利用现有资源，有计划、有步骤地对体育教师进行分层培养（按照教师的专业水平，可将其分为拔尖层、骨干层和培养层），为不同层次教师的专业发展提供平台，如可以组织拔尖层教师到国家体育职业队、国外进修。另外，学校还可以组织体育教师开展自学和互助学习，最大化地提高教师的教学技能，甚至实现跨年级授课；通过校本培训、校本教研、网上培训等方式创建学习型组织，不断提高教师的整体素质。

（二）开展校内外"师徒结对"活动，聘请体育特殊人才兼职任教

学校可以利用校外优秀体育人才，使其与本校教师"结对子"，发挥其"传、帮、带"的作用；开展向老教师、优秀教师、专家学习的活动，帮助本校体育教师迅速提高体育教学技能。同时，可以聘请校外教师到学校兼职任教。

（三）以教育科研为抓手，促进体育特色教学

科研是学校可持续发展的保障，更是教师专业成长的必经途径。在教学中，体育教师要在真实的教学情景中发现问题、研究问题、解决问题，在行动研究活动中更新教育教学理念，形成不断学习和研究的能力，并结合体育

特色和学校情况，开展校本特色教育科研。这样，既可以提高教师的教学理论水平，形成"全员发展、团队发展"的蓬勃局面，又为创建特色学校品牌奠定了基础。

四、整合校内外特色教育资源，促进特色发展

为更好地开展体育特色教育，学校要特别重视特色教育资源的建设和开发，积极为特色教育搭建活动平台。

（一）充分挖掘校内外的人力资源

体育特色普通高中的建设应发挥全体教师的作用，除了体育教师以外，还包括班主任、有体育特长的教师、卫生保健教师和校医等，协同作战，指导和组织学生进行体育与健康活动。此外，还应注意调动学生的主动性和积极性，特别是发挥有体育特长学生的带头、辐射作用，请他们为同学做好体育项目的示范、辅导等；利用与开发社会人力资源，发挥体育指导员、社区医生和家长的作用，发挥他们的体育特长，请他们辅导、督促和帮助学生进行体育与健康活动。

（二）充分挖掘校内外体育设施资源

体育场地、器材是加强体育运动，提高体育教学质量，促进学生健康成长的物质保证。一是要注意发挥体育器材的多种功能。体育器材一般都具有多种功能，但是经常被人们忽视。事实上，只要转换视角和思维方式，就可以开发出常用体育器材的许多潜在功能。例如，可以组织跳绳活动，也可以做绳操、斗智拉绳等；栏架可以用来跨栏，也可以作为投射门、连续跳跃的障碍等。二是要加强运动场地器材管理工作。运动场地器材应加强管理，及时保养，同时最大限度地为学生开放，以利于更多的高中生参与体育活动。例如，在节假日、寒暑假和课余时间对学生开放体育运动场地，根据场地实际，安装多向篮球架；因地制宜地设计自然地形跑道；根据学生年龄特点，降低排球网高度，缩小足球、排球、篮球场地；等等。三是学校要根据不同的季节开展不同的活动。例如，春季可以开展春游、远足等，夏季可以开展游泳、沙滩排球等，秋季可以开展登山、越野跑等，冬季可以开展滑冰、滑雪等。

（三）积极开展课内外、校内外体育活动

校内体育活动包括课前和课间体育锻炼活动、课外体育锻炼、校内比赛等。开展课前和课间体育锻炼活动，可以将课间操时间适当延长，改变课前和课间只做广播操的单一活动内容，增加眼保健操、跑步、球类活动、民族民间体育类项目活动、游戏等内容。同时，学校应抓好课外体育锻炼和校内体育比赛，保证学生每天有1小时的体育锻炼时间。鉴于班级、锻炼小组或课外体育俱乐部是课外体育锻炼的基本组织单位，锻炼内容可以由班级、锻炼小组或课外体育俱乐部确定，也可以由学生自己选择。

校外体育活动包括家庭体育活动、社区体育活动和竞赛、业余体校活动、体育俱乐部活动、社会的节假日体育活动和竞赛等。对于校外的体育活动，学校要合理安排，有计划地组织学生参加。

五、建设体育特色文化，统领学校发展

一所有体育特色项目的学校需要提炼特色体育项目背后承载的体育教育价值，并把它凝聚为学校的体育文化。所谓体育文化，广义上是指体育运动本身所蕴含的、围绕体育运动所形成的一切物质文明与精神文明的总和；狭义上是指体育运动某一方面的文明因素。学校体育文化是指学校内所呈现的一种特定的体育文化氛围，它是以学生为主体、以体育行为为主要内容、以校园为主要空间、以学校体育精神为主要特征的一种群体文化。这种特定的文化氛围是和学校的培养目标、校风校纪、学生的生活方式等内容相联系的，可以理解为学校全体师生在长期的教育教学实践中积淀的一种情感、一种氛围、一种全校师生共同认知的价值观，这种情感、氛围和价值观带有鲜明的体育特征，是维系学校体育行为活动的一种精神力量。

学校体育文化的培育除了凝练含有体育意蕴的办学理念和价值观外，体育比赛与活动也是学校体育文化实施的重要渠道。此外，还应考虑校园环境布置，如标语、宣传栏是否具有体育元素，学校体育设施是否齐全，是否满足学生和教师需求，等等。学校体育文化关注的不仅是体育项目与课程本身，还有如何通过这些项目、课程使学生树立积极的自我概念、自我意识。只有把体育项目和课程所承载的体育文化上升到引领学校全局发展的学校文化层面，才能形成具有生命力的体育特色学校。那么，如何构建学校的体育文化呢？一般来说，学校文化包括物质文化、精神文化和制度文化，在这里重点谈如何加强物质文化建设和精神文化建设。

（一）加强学校体育物质文化建设

学校体育活动的场地、器材等设施构成了学校体育物质文化环境，它们是学校体育文化的载体，承载、凝聚和展示着学校体育的办学思想和精神，这些物质文化环境会折射人们的心灵，对人们起到一种潜移默化的陶冶作用。

1.修缮或美化现有体育设施，提高其使用率

学校要对体育器材、设施定期检查，及时修缮破损的运动器材；对于闲置的运动器材，应开发其功能和用途，如跳箱、单杠、双杠等，通过增加高一学生体操类项目的普修课，提高其使用率；通过精心设计、合理使用现有体育器材，使其更加具有文化教育的价值。

2.加大体育设施的经费投入

体育特色学校应加大经费投入，定期添置体育器材，建设体育场地，如建设排球场地、羽毛球场地等，加强体育物质文化建设，满足体育特色教学的需要。

3.精心布置学校墙壁、走廊、校园等环境

学校要精心布置学校墙壁、廊道等，使校园每时、每处、每事、每物都蕴含学校的体育特色与精神，使学生时时处处感受到学校文化的影响。

（二）加强学校精神文化建设

1.树立"以人为本"的学校体育文化理念

学校体育应着眼于人的身体素质，着眼于人的生命成长。体育特色学校应树立以人为本、"健康第一"的文化理念，在教学中不仅要传授给学生知识，关注学生的智力发展，还要提高学生的身体素质，为学生的终身幸福奠基。

2.建设体育荣誉文化

学校可以通过制作体育墙报，张贴体育标语，设置学校体育网页，课外时间观看体育新闻、体育比赛等方式，使学生及时了解体育赛事、体育明星、体育评论，激发学生的激情和荣誉感，使他们产生对体育精神和体育荣誉的追求。同时，在师生中开展体育征文或演讲比赛等，如"体育与生命的荣耀""我心目中的体育明星""运动与激情"等。通过丰富多彩的体育主题文化活动，建立良好的体育校风，培养全体师生良好的体育意识、体育价值

和体育精神，促使全体师生振奋精神、陶冶情操，在体育精神文化的熏陶中逐步自主发展、自我完善、自我成长。

3.建设啦啦队文化

啦啦队运动作为独具文化魅力的一项体育运动，因其艺术性、竞技性、团队性、群众性和娱乐性，在校园受到学生的热烈欢迎，而且其极具感染力的表演和极富特点的运动理念对丰富校园文化内涵、促进学生的心理健康、构建和谐的校园文化体系具有独特的影响和推进作用。啦啦队是在音乐的伴奏下，学生结合舞蹈动作，展现出的一种高超的、特殊的运动技巧，是学校体育的扩展与补充，是校园体育文化活动的重要内容。体育特色学校应有目的地组建学生啦啦队，营造本校独特的啦啦队文化。通过啦啦队运动集中体现学生的青春活力，培养学生健康向上的团队精神，提升学生的审美能力、运动水平，促进文明和谐的校园文化的形成。

在学校体育文化建设过程中，物质文化和精神文化缺一不可。物质文化和精神文化无时无刻不在渲染着一种气氛，给教师和学生一种隐性的制度和积极的动力。所以，校园的物质文化和精神文化必须和谐发展、相辅相成，如此才能达到理想的状态。

参考文献

[1] [美]科南特.外国教育名著丛书:科南特教育论著选(第2版)[M].北京:人民教育出版社,2017.

[2] [美]约翰·杜威.民主主义与教育[M].陶志琼,译.北京:中国轻工业出版社,2015.

[3] [英]B.霍尔姆斯,M.麦克莱恩.比较课程论[M].张文军,译.北京:教育科学出版社,2001.

[4] [加]迈克尔·富兰.变革的挑战——学校改进的路径与策略[M].叶颖,高耀明,周小晓,译.北京:北京大学出版社,2013.

[5] [美]汉娜·阿伦特.人的境况[M].王寅丽,译.上海:上海人民出版社,2009.

[6] [美]吉姆·柯林斯.从优秀到卓越[M].俞利军,译.北京:中信出版社,2009.

[7] 北京师联教育科学研究所.理论发展与列德涅夫《普通中等教育内容的结构问题》选读(第4辑第5卷)[M].北京:中国环境科学出版社,2006.

[8] 褚宏启.教育现代化的路径——现代教育导论(第2版)[M].北京:教育科学出版社,2013.

[9] 胡庆芳.美国高中课程发展研究——从失衡发展到基础振兴[M].广州:广东高等教育出版社,2005.

[10] 霍益萍.普通高中现状调研与问题讨论[M].上海:华东师范大学出版社,2010.

[11] 联合国教科文组织国际教育发展委员会.学会生存——教育世界的今天和明天[M].华东师范大学比较教育研究所,译.北京:教育科学出版社,1996.

[12] 瞿葆奎,金含芬.教育学文集:英国教育改革[M].北京:人民教育出版社,1989.

[13] 史静寰.当代美国教育 [M].北京：社会科学文献出版社，2001.

[14] 吴国盛.吴国盛科学人文系列 科学的历程 [M].长沙：湖南科学技术出版社，2013.

[15] 安丽娅.普通高中多样化的现实困境与理论探索 [J].中国校外教育，2017（28）：109，111.

[16] 安丽娅.普通高中多样化发展路径探析 [J].课程教育研究，2017（31）：43-44.

[17] 蔡春，张爽.论回到"学校""教育"本身的学校发展 [J].教育研究，2011（6）：32-35.

[18] 陈晓珊.民营企业社会责任、高管薪酬与企业产出绩效——基于企业实际决策者视角的理论与实证分析 [J].浙江工商大学学报，2017（4）：85-98.

[19] 丁丽云.普通高中多样化发展背景下的实践创新 [J].基础教育参考，2017（24）：31-32.

[20] 傅维利.论当代基础教育的特色化建设 [J].教育研究，2014，（10）：12-17.

[21] 巩建英.建设高中特色课程的必要性与路径选择 [J].教学与管理，2017（28）：39-41.

[22] 何贝娜.普通高中多样化发展的必要性与现状分析 [J].教学与管理，2017（15）：31-34.

[23] 和学新.特色高中建设中的课程改革问题探讨 [J].课程·教材·教法，2017，37（8）：17-22.

[24] 皇甫林晓.我国普通高中特色发展的现实困境及提升路径 [J].当代教育科学，2020（1）：65-70.

[25] 蒋信伟，方小培，陈栋.规模型普通高中探索学生多样化个性化发展的课程实践 [J].人民教育，2019（10）：55-57.

[26] 金丹丹.高中教育特色化、多样化众人谈 [J].内蒙古教育，2014（17）：34.

[27] 李俊彦.以多元化促进普通高中多样化发展 [J].内蒙古教育，2016（31）：9-11.

[28] 李天鹰，杨锐.美国普通高中多样化发展的经验与启示 [J].东北师范大学学报（哲学社会科学版），2019（3）：156-163.

[29] 刘春梅，张皓珏.论教育生态的偏颇与修复 [J].河南师范大学学报（哲学社会科学版），2015（4）：179-182.

[30] 裴娣娜.领导力与学校课程建设的变革性实践 [J].教育科学研究,2017(3):5-13.

[31] 裴娣娜.新高考制度下深化普通高中课程改革的几个问题 [J].中小学管理,2015(6):4-6.

[32] 任国民.普通高中特色化办学实施策略与启示 [J].学周刊,2015(12):112.

[33] 史利平.特色高中建设的困境与因应 [J].天津市教科院学报,2015(6):76-77.

[34] 王建.论普通高中特色课程建设的理论依据及实践意义 [J].教育探索,2015(8):33-37.

[35] 王世君,姜岩.高中改革之路:多样化发展的实证分析与途径——基于 X 省 9 市的调查 [J].现代教育科学,2018(12):15-18.

[36] 王献甫.核心素养视域下高中多元特色化发展之路 [J].创新人才教育,2018(4):10-14.

[37] 吴景松.当前普通高中特色发展的制度困境与重构 [J].教育理论与实践,2015(25):22-25.

[38] 武秀霞.普通高中特色化发展:机遇、困境及其提升路径 [J].教育发展研究,2017,37(22):42-49.

[39] 宿俊光.普通高中多样化特色化发展推进:现状、问题与建议 [J].课程教育研究,2018(51):255.

[40] 杨锐,李天鹰.我国普通高中多样化发展的情境之困与破解 [J].现代教育管理,2017(1):62-67.

[41] 杨润勇.推动普通高中特色发展的制度保障体系研究 [J].教育研究,2016,37(11):82-86.

[42] 杨润勇.我国普通高中"特色发展政策"执行困境的制度分析 [J].当代教育科学,2016(12):14-17.

[43] 杨志成.高中教育多样化特色化形态 [J].内蒙古教育,2014(17):35.

[44] 殷桂金.示范性高中的价值重建与路径选择 [J].当代教育科学,2018(8):67-71.

[45] 于璇,代蕊华.新时代普通高中教育发展:困境、机遇与治理路径 [J].基础教育,2019,16(1):23-29.

[46] 于银广.普通高中人才培养模式多样化的实践探索 [J]. 现代教育，2017（10）：31–32.

[47] 余凯，谢珊.普通高中教育多样化发展的问题分析与政策建议 [J]. 中国教育学刊，2020（2）：40–45.

[48] 袁桂林.促进高中教育多样化发展的三个关键点 [J]. 人民教育，2018（2）：40–43.

[49] 张斌贤.外国教育史 [M]. 北京：教育科学出版社，2015.

[50] 张竞.普通高中多样化、特色化发展策略研究 [J]. 中国校外教育，2018（32）：34, 38.

[51] 邹红军.承认与抵制：我国普通高中多样化发展的扎根理论研究 [J]. 中国教育学刊，2019（7）：35–41.

[52] 周恋琦.普通高中多样化发展的政策工具研究 [D]. 上海：华东师范大学，2015.

[53] 顾逸筠.特色高中是如何炼成的 [D]. 上海：华东师范大学，2019.